ZIMAOQUNEI FADINGJIGOU
ZHIDUYANJIU

自贸区内法定机构
制度研究

张薰尹 / 著

中国检察出版社

图书在版编目（CIP）数据

自贸区内法定机构制度研究 / 张薰尹著 . — 北京：
中国检察出版社，2021.6
ISBN 978-7-5102-1633-6

Ⅰ.①自… Ⅱ.①张… Ⅲ.①自由贸易区—机构设置
—研究—中国 Ⅳ.① F752

中国版本图书馆 CIP 数据核字（2021）第 095188 号

自贸区内法定机构制度研究

张薰尹 著

责任编辑：葛晓湄
技术编辑：王英英
美术编辑：曹 晓

出版发行：中国检察出版社
社 址：北京市石景山区香山南路 109 号（100144）
网 址：中国检察出版社（www.zgjccbs.com）
编辑电话：（010）86423706
发行电话：（010）86423726 86423727 86423728
（010）86423730 86423732
经 销：新华书店
印 刷：北京中献拓方科技发展有限公司
开 本：710mm×960mm 16 开
印 张：12.25
字 数：214 千字
版 次：2021 年 6 月第一版 2021 年 6 月第一次印刷
书 号：ISBN 978-7-5102-1633-6
定 价：42.00 元

自　序

　　自贸区，是自由贸易试验区的简称。自贸区是党中央、国务院全面深化改革和扩大开放的重要战略举措。自贸区作为全面深化改革和扩大开放的试验田，在许多领域深入开展制度创新，探索试验了一批重大基础性改革，特别是为推动自贸区的开展，在自贸区内进行了一系列组织机构改革，相继成立了多家法定机构。如何定位法定机构，理解好法定机构，对服务保障自贸区内的法治建设，具有重要意义，也对检察工作提出了更高要求。

　　2020年10月，最高检针对自贸区建设发展遇到的法律问题，结合"四大检察""十大业务"制定出台服务保障意见，提出原则性、指导性要求，目的就是使检察机关保障自贸区建设、服务新发展格局有的放矢、精准履职。制定意见只是第一步，根本还在于落实。各地检察机关特别是自贸区所在地检察机关应该认真研究自贸区，结合自贸区的特点，把党和国家的有关政策、法律规定充分用好，更好地服务自贸区建设，服务更高水平的对外开放，促进国内国际双循环良性互动。作为一名检察教师，研究检察工作中的新问题，积极为检察工作建言献策，提供智力支持，是使命，更是任务。自贸区内机构设置的特色是法定机构，笔者就法定机构的相关问题向在国家检察官学院参加培训的检察官进行问卷调查，多数检察官对法定机构的了解还有待深入。因此，笔者认为很有必要对自贸区内的法定机构问题进行深入研究。学习好法定机构，是服务好自贸区建设的重要步骤。

本书从法定机构的理论建构和中国实践两个层面来对法定机构进行全面分析。从理论建构来看，世界上发展法定机构最具有代表性的分别是英国的执行机构、美国的独立机构、日本的独立行政法人、新加坡的法定机构和中国香港特别行政区的法定机构，虽然同为法定机构，但是各地的具体称谓却并不相同，这主要是由于法定机构在各地实践中的侧重点不同，虽然"名"不相同，但是"实"却存在相同之处，这些共性正是对法定机构进行理论构建的基础。从中国实践来看，通过对我国内地的29家法定机构进行逐一分析，发现不同法定机构在成立依据、登记方式、运行机制、职责权限上存在很大差别，仅有3家是依据人大通过的法律法规成立的，其余10家是依据地方政府规章、16家是依据规范性文件；职责权限上29家法定机构普遍承担辖区内的公共管理或公共服务职能；在登记方式上存在事业单位、公司法人、社团法人三种类型。虽然各地成立法定机构有各地的实际需要，但是同采用法定机构的形式，还是有共性的。而当下的这种试点，仅靠各地之间的相互调研、借鉴来发展法定机构，不利于法定机构的长期、稳定的可持续发展，因此建议在国家层面统一规范。考虑到立法成本和可行性，建议在修订相关法律法规时，将法定机构在法律上统称为行政法人，在法律上统一明确法定机构的法律地位、运行机制和职责。

从以上两个层面厘清法定机构理论建构和中国实践的基本问题后，接下来最重要的是回答如何才能走出一条中国特色的法定机构治理之路。这需要明确法定机构是公法人制度功能在我国行政法上的现实契合，是国家由直接行政向直接行政和间接行政转变的组织手段，是通过自主与灵活来实现行政的自主和绩效的手段，所以中国的法定机构之路既要明确赋予法定机构公共管理和公共服务职能，又要明确法定机构的行政法人地位，这是未来我国法定机构能够持续发力的关键。研究我国的法定机构，既要比照已有国家和地区法定机构的经验、理论和基本规律，同时也要深入分析法定机构在我国的特殊性所在，结合我国行政主体理论，服务我国行政体制改革、事业单位改革、国有企业改革，结合我国自贸区、开发区的创新发展，寻求符合我国国情的中国法定机构发展方式，推动我国行政主体多元化与行政组织法的发展，实现国家治理现代化。

全书包括自序、绪论、正文六章以及结语，主要内容如下：绪论。绪论主要介绍法定机构的研究价值、国内外研究现状、研究重点，以及说明了本书所采用的研究方法。第一章法定机构的缘起和发展。本章全面介绍了世界上法定机构实践的主要经验，重点考察了英国的执行机构、美国的独立机构、日本的独立行政法人、新加坡的法定机构、中国香港特别行政区的法定机构，分析了法定机构"名"的不同，即不同地区法定机构产生发展、分布领域、职责权限、运作机制、绩效监督、典型案例的个性化，总结出以上法定机构的共性特征。同时，也阐述了在法定机构发展上的三大里程碑事件，即新公共管理运动下法定机构的诞生、治理理论下法定机构的再升级、国家治理现代化下法定机构的中国化。第二章法定机构的理论建构。这是法定机构理论研究的起点，也是本书的关键。通过辨析法定机构与公法人、行政主体、公务法人、行政法人等概念之间的关系，以及法定机构与法律法规授权组织、非政府组织、公共组织、国有企业、事业单位等机构的关系，明确法定机构的定义和研究范围。法定机构，是指依法定程序由立法机构专门立法或授权设立的，不列入政府部门序列，采用"决策层＋执行层＋监督层"的法人治理方式来进行公共事务管理或提供公共服务的行政法人。法定机构的范围是一个因变量，自变量是各国国情，国家和地区不同，法定机构的研究范围也是不同的。按照现有政府官方文件的规定，我国法定机构的范围目前包括自贸区、开发区的管委会、事业单位分类中的第三类公益性事业单位，以及采用"决策层＋执行层＋监督层"三方共同治理办学的公立高校。虽然法定机构的范围随着国家政策会扩张或收缩，但基于法定机构的规律能总结出法定机构的五大法律特征，即法定性、灵活性、绩效性、公共目的性、自治性，能归纳出法定机构的三大法律属性，即公法与私法相借鉴、大陆法系与英美法系相融合、政策与法律技术相结合的法律属性。第三章我国法定机构实践的基本制度。本章是指导我国各地法定机构实践的重要操作指南，成立法定机构必须要明确五个问题：第一，明确"法定性"是法定机构建立的前提条件；第二，明确法定机构与政府之间的衔接与权责的划分；第三，明确法定机构的经费来源；第四，明确法定机构"决策层＋执行层＋监督层"的法人治理模式；第五，明确法定机构的监管体系。因此，法定机构的成立不能一刀切，必须分步走，目前只宜在开放程度高的自贸区、开发区先行，并且必须严格依法设立，经费来源暂应由财政拨款。第四章自贸区内法定机构的实例分析。对比分析了我国内地现有29家法定机构的设立方式、运行机制、经费来源、监管体系等基本情况，特别是对其中最具有代表性的13家法定机构进行实地调研、走访，获得第一手资料，采用实例分析的方式，总结出它们各自的特点和实践经验，发现各地法定机构面临的发展瓶颈。第五章我国法定机构实践中的疑难问题。模糊的法律地位、行政化倾向和复杂的各方关系是法定机构发展的三大难题。存在法律地位问题是因为我国行政主体理论薄弱，确立法定机构的行政法人地位是解决问题的关键。行政化是政府和法定机构间"委托——代理"关系发展的必然，寻找法定机构的自治性和适控距离的平衡点是突破口。第六章法定机构的未来发展。法定机构改革代表着我国事业单位特别是公益服务类事业单位的改革方向。随着政府逐步向自贸区、开发区下放部分权限，这些区域也是法定机构运行的重要方向。我国内地法定机构的未来发展方案是分类发展，根据法定机构的职权范围，分为公共管理类（园区运营管理型，已有 16 家）、公共服务类（公共服务事业单位，已有 12 家）和公共事业类（高校，已有 1 家），按照三类法定机构的特点，具体类型具体分析，采用不同的发展方式。最后，在结语部分，本书对检察机关如何服务保障自贸区内法定机构的发展，也提出了可行建议。这些建议是基于以上对法定机构的深入分析，从法定机构的特点出发，结合自贸区的发展需要，从服务保障自贸区内经济社会发展的需要，来思考检察机关在自贸区的建设发展中应如何定位、如何处理同法定机构的关系、如何服务双驱动双循环。本书系国家检察官学院 2021 年度科研基金的资助项目（课题编号 GJY2021Q03），感谢该项目的支持。

2020 年 10 月 14 日
于国家检察官学院沙河校区

目　录

绪　论

　　法定机构虽然早已有之，在美国、英国、日本、新加坡、中国香港特别行政区等地大量存在，但对于内地来说，直到 2010 年才首次成功设立深圳前海管理局，后来又陆续成立了上海陆家嘴金融城发展局、青岛国际邮轮港等法定机构，这一类机构主要承担公共管理和公共服务的职能，而且主要设立在自贸区内。法定机构不属于政府行政序列，在运行方式和组织结构上同行政部门相比，有自身独特之处。研究这一新兴类型的组织形式——法定机构，不仅具有重要的实践和理论意义，还会助力自贸区的深入发展。

一、法定机构的研究价值

　　研究法定机构的实践意义体现在：一是通过将各地法定机构进行比较，对法定机构实践中面临的诸多问题进行答疑，例如，如何借鉴而非移植法定机构，我国应采用何种方式，法定机构的运行机制在我国有何特点等，回答了这些问题，不仅能够保证我国法定机构的顺利实践，也能推动我国行政体制改革的有序进行，走出一条具有中国特色的法定机构治理之路。二是通过对我国内地现已设立的 29 家法定机构进行深入分析，逐一对比它们在立法依据、登记方式、职责权限等方面的不同，将现有 29 家法定机构按照其设置目的进行类型化，分成三大类，即以行政体制改革为目的的法定机构，服务于改革开放的法定机构，以公共服务专业化、精准化为目的的法定机构。不同目的类型的法定机构，其职权设置和绩效考核也应有不同参照，通过分析，对现有 29 家法定机构的突破发展提供重要参考依据。三是以时间逻辑为线索，思考和回答为什么成立法定机构、如何成立法定机构、成立后如何运行法定机构、目的完成后法定机构如何退出，为今后即将成立法定机构的地区提供指导，成为我国各地区设立法定机构的重要操作指南，统一指导法定机构的实践，将其规范化，避免同机构不同操作、同类型不同方式的现象，避免个别地区将法定机构作为突破行政部门不能盈利的手段，纠正采用法定机构企业化运营的方式来获利的目的，让法定机构真正在实践中发挥应有价值。

研究法定机构的理论意义体现在：一是法定机构本身就具有独特的学术研究价值，研究法定机构的行政法定位，一方面能够让我们重新理顺法定机构的发展历程、法律特点和法律属性，另一方面能够将西方国家的有关行政主体的理论同中国特色社会主义法治的行政主体理论进行比对，构建出中国特色的法定机构理论体系，推动我国行政法和行政组织法的发展。二是法定机构能够弥补我国行政管理制度的局限。法定机构的组织架构通常采用法人治理结构，"决策层—执行层—监督层"的三方治理监督结构是法定机构的治理结构的标配，研究法定机构的运行机制，在政府和企业之外，找到一种半政府半企业性质组织结构的运行模式，从而丰富我国行政组织法的发展。三是法定机构是一个法学概念，很多国家的法律规范中并没有这一词，它在不同国家和地区有不同的称谓，结合各地的特点法定机构也表现出了多种形式，透过现象看本质，总结出法定机构的共同点，归纳法定机构的五大判定标准，总结法定机构的职责，对于探析法定机构同其他行政主体的关系和区别具有重要作用，从而真正实现国家治理体系下行政主体多元化的发展。

民法典并没有采纳公法人[①]的概念，这从民法的本旨来讲无可厚非，因为民法上设立法人的目的是定分止争，明确财产交易的主体，大多属于私法人的范畴。[②]但是随着社会的发展，公法人作为国家间接行政的手段，已经引起越来越多的重视，应该从理论上特别是公法上予以确认。公法人上的法人，强调独立性和绩效性，这些需要行政法来予以规范，要真正实现法定机构的长远发展，就应该在行政法中明确公法人制度，在修订行政法时引入法定机构的概念，肯定公法人作为法人的自治和绩效价值。耶林曾说过，目的是法律的根本创造者，公法人制度也是法秩序的目的性产物。[③]法定机构的实践体现了公法人制度功能和我国行政法的现实契合。在探索中，各地法定机构的做法并不一致，没有统一的法律规定，属于摸着石头过河，究其原因是我国理论界一直对公法人制度存在诸多误解与分歧，忽视对公法人作为一种组织手段的价值。现实的需要催

---

① 参见杨立新:《民法总则精要 10 讲》，中国法制出版社 2018 年版，第 121~130 页。
② 参见王泽鉴:《王泽鉴法学全集》，中国政法大学出版社 2003 年版，第 389 页。
③ 参见黄风:《罗马法概论》，法律出版社 2000 年版，第 2 页。

生行政法的与时俱进，行政法需从探究公法人的制度功能出发，从法律上明确赋予特定组织公法人人格的目的。追溯法定机构制度的本源，澄清理论的价值，消除存在的误解，是对法定机构研究的起点，是发挥公法人制度作用的关键，也是完善我国行政法的方向。

二、法定机构的国内外研究现状

目前，对法定机构的研究主要集中在以下四大领域，具体情况见表绪–1。可见，目前在法学领域对法定机构的研究成果较少，尚有很大的研究空间。

表绪 –1　学术界对法定机构的研究领域分布

领域	政治学	公共管理学	经济学	法学	总数
数量（篇）	35	62	22	15	134
占比（%）	26	46	16	12	100

（数据来源：中国知网，访问日期：2020 年 2 月 9 日）

从法定机构的论文数量分布来看（见图绪 –1），2009~2013 年，我国内地对法定机构的研究还不够深入，成果也不多，2014 年以后才有了明显进展，特别是 2018 年以后，更有了质的飞跃，不仅研究成果丰富，有关法定机构的法律问题研究也越来越多。究其原因，主要是近年来，在自贸区、开发区设立了一些法定机构。实践需要理论的指引，也促进了理论的发展，这让法定机构近几年重回大众视野，得到关注。

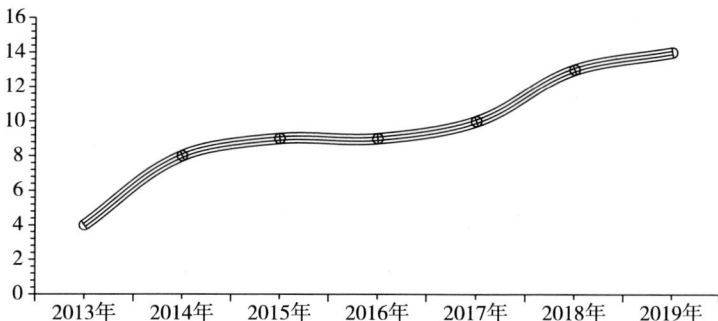

图绪 –1　2013~2019 年法定机构论文数量

（数据来源：中国知网，访问日期：2020 年 2 月 9 日）

我国内地开始对法定机构的理论和实践研究，早期主要是以介绍其他国家

3

或地区的法定机构的实践经验为主，例如，1988 年刘滔的《三权分立之变奏：美国政府体制中的独立行政管理机构》[①]，文章主要对美国、英国、新加坡的法定机构的基本规律和主要实践经验进行了探讨。1998 年，李志远在《美国政府的独立行政管理机构》一书中，首次对法定机构下定义，认为"法定机构是指由政府委托授权履行一定的行政执行性、服务性职能的准行政机构"[②]，并强调"一个机构，立一个法规"。步入 2014 年，随着法定机构试点的增多，学者们对法定机构的研究也越来越多，黎少华、艾永梅在《广东法定机构改革试点调查》中总结道："法定机构是指依据特定的法律、法规或规章设立，依法承担公共事务管理职能或公共服务职能，不列入行政机关序列，具有独立法人地位的公共机构。"[③]上海市行政法制研究所在《法定机构研究》中将法定机构定义为根据专门法律直接设立的具有特别职能的法人，可分为自然垄断和法定垄断领域政府序列的法定机构（法定服务机构、法定监管机构），竞争性领域和公用事业、基础设施等的特许经营、企业序列的法定机构（政策性经营领域，具有地域性、政权组织性的某些经营主体、商会、专业协会及行业协会、其他法定 NPO），第三部门序列（文化与休闲、教育与科学、卫生）和 NPO 序列的法定机构。郭会文在《国家级开发区管理机构的行政主体资格》中认为开发区管理机构是行政法学和行政诉讼法学上的"法律、法规授权的组织"[④]。法律、法规授权组织，是指依具体法律、法规授权而行使特定行政职能的非国家机关组织。国内目前对于法定机构的研究大致包括以下三类。

一是对域外法定机构的经验介绍。舒绍福、刘峰着重研究了英国的法定机构，即执行机构，认为英国执行机构的最大特点是决策和执行的分离，法定机构侧重执行活动。[⑤]周志忍以英国执行局的缘起、发展、改革为视角，分析英国执行机构对我国行政体制改革的借鉴意义。马英娟重点关注了美国的法定机构，即独立机构，主要讨论了独立机构中的独立监管机构类型，认为其属于政

---

① 刘滔:《三权分立之变奏：美国政府体制中的独立行政管理机构》，载《探索与争鸣》1988 年第 2 期。

② 李志远:《美国政府的独立行政管理机构》，河南人民出版社 1998 年版，第 209~217 页。

③ 黎少华、艾永梅:《广东法定机构改革试点调查》，载《中国经济报告》2014 年第 3 期。

④ 郭会文:《国家级开发区管理机构的行政主体资格》，载《法学杂志》2004 年第 11 期。

⑤ 参见舒绍福、刘峰:《中外行政决策体制比较》，国家行政学院出版社 2008 年版，第 13~15 页。

府监管机构，并对其进行了概念、类型和性质上的梳理。①钟速成在文章《美国独立管制机构研究》中也对美国独立机构的运行机制和职权设置等进行了详细介绍和分析。②潘北枝在《独立与管制：美国独立管制机构经验评析》一文中对美国独立管制机构的两大特性——独立和管制进行了详细对比和分析。③我国台湾地区学者陈水亮也关注到了独立行政机构，从三权分立的视角论述了美国独立机构的特点。后来，随着法定机构的发展，国内越来越多的学者关注到新加坡和中国香港特别行政区法定机构，曹云华、崔静、周勤和李家平等学者先后从不同角度、用不同方法重点论述新加坡法定机构的概念、法律地位、发展现状、运行机制和存在的问题。汪永成、丁元竹等对中国香港特别行政区法定机构的模式、历史背景、机构设置等情况进行了详细介绍，认为中国香港特别行政区的法定机构主要是为了满足小政府大社会的需要，采用法人治理的方式，承担那些政府做不过来的公共管理和公共服务职能，取得了很好的实效，不仅减轻了政府的压力，而且也建设了更有效率的政府。汪永成的《香港特区法定机构发展的历程、动因与启示》将法定机构与公共管理理论相结合，从管理学的视角论述了中国香港特别行政区的法定机构，认为法定机构能够满足治理理论的需要，是新时期政府机构改革的重要手段，对内地建设服务型政府和责任型政府，具有很大的借鉴价值，我们可以借鉴中国香港特别行政区法定机构模式的特点，将法定机构的职权范围限定在公共管理和公共服务中。④丁元竹在《香港法定机构的治理模式》一文中认为我国内地在法定机构学习借鉴的主要是中国香港特别行政区的社会治理方法，在中国香港特别行政区，法定机构称为 Statutory Board，我们将其直接翻译过来就是法定机构。⑤除此之外，在《中国社会建设：战略思路与基本对策》一书中，丁元竹进一步论述了"社会建设的基础：人人可及的基本公共服务"，以及"社会建设的机制：多元主体"。⑥但作者是从公共管理专业角度出发，且未能结合事业单位改革进行延伸论述，似

---

① 参见马英娟：《政府监管机构研究》，北京大学出版社 2007 年版，第 12~18 页。

② 参见钟速成：《美国独立管制机构研究》，湖南师范大学 2009 年硕士学位论文，第 40 页。

③ 参见潘北枝：《独立与管制：美国独立管制机构经验评析》，中国政法大学 2009 年博士学位论文，第 32 页。

④ 参见汪永成：《香港特区法定机构发展的历程、动因与启示》，载《湖南社会科学》2002 年第 5 期。

⑤ 参见丁元竹：《香港法定机构的治理模式》，载《社会观察》2004 年第 8 期。

⑥ 参见丁元竹：《中国社会建设：战略思路与基本对策》，北京大学出版社 2008 年版，第 71~191 页。

有遗憾。傅小随的《法定机构及其在公共服务体系中的特殊作用》则具体分析了新加坡、新西兰和中国香港特别行政区法定机构在各自公共服务体系中的作用。[①]

二是对法定机构在我国内地的试点情况的分析。马玉明和宋功德一致认为我国当下事业单位的改革可以将法定机构作为一个有益尝试，其中宋功德认为我国事业单位的改革目的之一是去行政化，而法定机构的组织目的也是如此，二者具有相通性，可以尝试。[②]马玉明进一步提出法定机构之法的问题，包括立法层级、立法方式、成立方式等，这些问题会引发法定机构同事业单位在登记方式、人事关系转轨处理、主管行政部门的关系处理等深层次问题。刘晓春、林卡提出用法定机构治理模式解决国资委国家股东定位问题。[③]王秉安认为，将自贸区平潭综合试验区的部分公共管理事务按照法定机构的方式来进行，有利于两岸关系的进一步发展。公共图书馆作为公益类事业单位的典型，有很多学者认为其转化为法定机构的形式最合适，例如，王冬阳就从法定机构的角度对我国公共图书馆采用法定机构的法人治理方式的可行性和具体方案进行了研究。还有学者对日本公路采用法定机构进行系统研究，继而提出在依法行政的基础上探索创建中国特色收费公路法定机构。[④]李建美、张迎军、田保华对香港特别行政区机场法定机构管理模式进行了研究，分析了地方政府采用法定机构管理机场的可行性，并且进一步提出具体政策建议，包括成立机场管理局等。[⑤]在我国法定机构的试点中，最成功的应该是广东省，这与其独特的政策优势、地缘优势密不可分，艾永梅和黎少华通过对广东省自贸区内现有法定机构的实地调查分析，总结这些法定机构的成功经验，也发现存在定位不清、行政化的问题，并针对这些问题提出了具体解决思路。[⑥]

三是从法律角度分析法定机构的价值定位和制度发展。2014~2019 年的五

[①] 参见傅小随：《法定机构及其在公共服务体系中的特殊作用》，载《行政论坛》2009年第 2 期。

[②] 参见宋功德：《从事业单位到法定机构》，载《行政管理改革》2010 年第 8 期。

[③] 参见刘晓春、林卡：《法定机构：国资委的转型路径》，载《特区实践与理论》2008年第 3 期。

[④] 参见王燕弓：《日本收费公路法定机构与我国法定机构创建》，载《国家行政学院学报》2014 年第 3 期。

[⑤] 参见李建美、张迎军、田保华：《地方政府采用法定机构管理机场探究国资委的转型路径》，载《交通企业管理》2013 年第 11 期。

[⑥] 参见黎少华、艾永梅：《广东法定机构改革试点调查》，载《中国经济报告》2014 年第 3 期。

年间，内地法定机构发展蓬勃，已达 29 家，随着法定机构的实践，也暴露出诸多问题。已经有部分学者跳出传统的介绍国外经验和解决现有问题的表层分析，从法学理论的角度去寻求问题产生的深层次原因，探究彻底解决问题的根本方法。目前，从行政法角度分析法定机构的文章还很少，比较有代表性的是西南政法大学李荣红 2018 年的硕士学位论文《我国试行法定机构的行政法研究》和中山大学法学院彭箫剑的《法定机构的价值定位与制度改进》，这两篇文章都重点探讨法定机构的再定位问题，认为法定机构是独立行政主体，在促进政府体制改革、促进地方立法发展、促进事业单位改革中体现了重要价值。

如前所述，对于很多国家来说，法定机构是一个法学概念，在很多国家的法律规范和法律制度中并没有法定机构一词。英国学者诺曼·J.迈因纳斯在1986 年提出，成立法定机构的背景和原因各不相同，但是基本上有一个共识，那就是政府普遍认为，法定机构的灵活性和自治性，既能够减少政府的开支，还能够满足人们的需求，是国家间接行政的重要方式和体现。[①] 对于我国内地来说，法定机构是一个舶来品，我们谈论的"法定机构"其实是从新加坡和中国香港特别行政区的"Statutory Board"直接翻译过来的。但是，法定机构在各个国家的表现形式并不完全一样，例如，在日本被称为独立行政法人，在美国被称为 Independent Agency（独立机构），在英国则被称为 Executive Agency（执行机构）。英国执行机构的产生，是因为当时正值英国经济"滞胀"[②]，政府机构臃肿、包办主要公共事务、效率低下，于是追求小政府主义、呼应新公共管理理念的思潮开始抬头。在这种背景下，执行机构应运而生。戴维·奥斯本和特德·盖布勒等在《改革政府——企业精神如何改革着公营部门》这本书中，以英国执行机构为例，认为提高社会公共管理和公共服务质量的手段是引入企业管理的模式、引入市场机制到公共服务领域，将政府决策与执行的职能相分离，使其他公共组织的不同特性一同加入到公共服务和公共产品的提供中，从而提高整个社会的治理水平。[③] 可见，英国学者将决策与执行相分离，他们的研究侧重于将执行机构作为突破科层制弊端的组织手段，运用框架协议和适距控制的方法

①　参见【英】诺曼·J.迈因纳斯：《香港的政府与政治》，伍秀珊、罗绍熙等编译，上海翻译出版公司 1986 年版，第 124 页。

②　停滞性通货膨胀（stagflation），简称滞胀或停滞性通胀，在经济学、特别是宏观经济学中，特指经济停滞（stagnation）、失业及通货膨胀（inflation）同时持续高涨的经济现象。

③　参见【美】戴维·奥斯本（David Osborne）、特德·盖布勒（Ted Gaebler）：《改革政府——企业精神如何改革着公营部门》，上海市政协编译组、东方编译所编译，上海译文出版社 1996 年版，第 213~234 页。

对执行机构进行监管，可以说框架协议和适距控制，是英国学者对法定机构的贡献。

在同一时期，美国也产生了独立机构，美国学者对法定机构的研究重点，侧重于如何利用独立机构的特性，保证这一类机构避免卷入政党政治，从而保持经济社会的长期稳定发展。美国的独立机构和英国的执行机构出现在法定机构的早期阶段，"法定机构"一词最早出现在1916年，[①]但早期的专门研究要见塞缪尔·曼彻在1958年发表的论文 *Financial Relationships between Voluntary and Statutory Bodies in the British Social Services*。同时，Patricia Greer 在著作 *Transforming Central Government* 中提到法定机构的出现与西方新公共管理运动的兴起有着密切的关系。在日本，学者们首次将新公共管理理论与公法人制度相结合。日本行政法学家藤天宙靖指出："独立行政法人制度所追求之效率之意义，并非单纯的业务执行上的时间、劳力、费用之消减等所谓经营上之效率性，而是赋予独立法人人格而产生之效率性，即从国家行政组织独立出来，可解脱国家行政组织之约束，例如组织成员、人事、业务运营、财政自由权的扩大等。"[②]可见，绩效是独立行政法人制度的主要目标。日本学者植草益在《微观规制经济学》中指出，特别法是法定机构的设立依据，是设立法定机构的法律法规，只针对特定的法定机构，因此被称为特别法，特别法中会对法人组织形态、监管体系和运行机制作出明确规定。[③]在新加坡，学者 Tan Chwee Huat 在 *State Enterprise System and Economic Development in Singapore* 一文中，第一次对新加坡的法定机构下定义，他认为新加坡的法定机构是依据国会专门法律成立、具体职责由专门的法律规定的管理社会公共事务或提供公共服务的半官方机构。

从国外学者对法定机构的研究情况来看，法定机构在各个地区有不同的名称，这一名称是同设置法定机构的目的相对应的，法定机构在国外的历史比较久远，法定机构的缘起也是在国外，所以国外对法定机构的研究已经成体系化，特别是日本、新加坡等地还具备专门针对法定机构的立法规范，法定机构的理论研究和实践经验都颇丰。

---

① A British Board of Science and Industry，NewSeries，Science，1916，p.266，268.

② 蔡秀卿:《日本独立行政法人制度》，载《月旦法学杂志》第84期。

③ 参见【日】植草益:《微观规制经济学》，朱绍文等编译，中国发展出版社1992年版，第35~78页。

三、研究法定机构的方法和思路

在研究方法的运用上，本书立足行政法发展的前沿领域，结合法定机构问题的中外比较，综合吸取与主题相关的行政法学、宪法学、财政学、经济法学、公共管理等学科的知识，采用理论分析与实证研究相结合、逻辑分析与比较研究相结合的方法，对法定机构问题进行全面研究，具体采取的方法有以下三种。

一是将动态分析的方法运用于法定机构的研究，从发展与变迁的角度研究法定机构的概念、制度的缘起与变迁。法定机构从缘起到成熟经历了一系列漫长的进程，期间也有反复，法定机构作为一种组织类别，在其发展的过程中，法学思想已经不仅仅是法定机构在体系和逻辑上发展的催化剂和媒介体，而且也帮助法定机构的现实需求在法律规范和体系中实现了飞跃和升华。可见，法定机构蕴含着方法和思想的历史发展，是一种思维的、理性的产物。因此，想要在理论视野中了解法定机构制度的全貌和发展脉络，只有深入法学思想的流变之中，将其放置在它所脱生的理论渊源中把握，理解它的实际结构和动机，法定机构制度的缘起和变迁方可得到清晰的理解。

二是比较法是研究法定机构采用的重要方法之一。为了对法定机构问题作深入研究，有必要以比较法的方法，对相关问题的域外制度框架及研究经验予以分析。在本书写作过程中，通过查询国家图书馆、国家哲学社会科学学术期刊数据库、中国知网、中国法院网、中国法学创新网、燕大元照法学知识库等多家中文网络数据库，新华社、光明日报、人民日报等相关报道，美国法律期刊全文数据库 HeinOnline 等网络资源，全国人大、地方各级人大及中国政府官网、财政部、国家发改委网上信息公开获得的各项相关法律、法规和规章，国内法定机构试点地区的官网上的内容，还有新加坡、英国、美国、中国香港特别行政区等有关法定机构的网站，归纳大量的文献、法律法规、案例等资料，整理与法定机构研究有关的国内外研究成果，参照一些行政规范性法律文件、调研报告、历史文献等书面资料，基本掌握了国内外对法定机构的研究现状和成果，为研究打下良好基础。

三是着眼于实践需要与理论研究的深入结合，以行政体制改革为切入点，通过实地调研收集资料，分析法定机构的实践情况、问题瓶颈和解决对策，以适应国家治理现代化的需要。尽力收集国内法定机构的试点情况，对我国自贸区内的主要法定机构，例如深圳前海管理局、上海陆家嘴金融城发展局、青岛国际邮轮港等法定机构开展调研，采访咨询这些机构的相关人员，对当下法定机构在自贸区内的实际运转情况进行实证分析，发现问题，并分析现有问题产生的原因，以期对未来我国行政管理体制改革有所启示。

经以上分析，通过对国内外法定机构现有研究情况的梳理，发现对于法定机构还有大片领域需要学者探索和研究，这将成为未来我国行政体制改革的重要内容，不容忽视。针对现有研究中的不足，本书中着重关注以下内容。

一是关于法定机构的缘起和发展。通过系统地分析法定机构产生、发展过程，以及它在各国、各地区的功能定位和基础作用，分析实施法定机构的主要国家和地区的经验，即英国的执行机构、日本的独立行政法人、美国的独立机构、新加坡的法定机构、中国香港特别行政区的法定机构。分析和对比这五个国家和地区法定机构，目的在于更加清晰地认识到法定机构的价值和目的，从纷繁复杂的运行结构中，抽离出法定机构的共性，推导出划定为法定机构的"实"的归类，即判定法定机构的五大标准和共性特征。

二是关于法定机构的理论建构。在明确法律主体概念的功能基础上，揭示公法人制度是法定机构的属性特征，从职责定位和机构目的出发，确定法定机构的定义、范围、三大性质、五大法律特征、三大法律属性、模式化与超模式化。

三是关于法定机构的中国实践。介绍我国引入法定机构的背景和原因，全面分析我国内地现有29家法定机构的实施现状和基本情况，对比分析立法依据、运行机制、监管体系、绩效考核等要素，抽丝剥茧，寻找好的经验做法，发现存在的突出问题，为解决当下法定机构面临的发展瓶颈提供解决对策。

四是关于我国法定机构实践的基本制度。构建法定机构模型，从设立、职权、管理/运行、终止、法律责任的顺序出发，归纳总结出法定机构制度模型，为后续各地即将设立的法定机构提供操作指南。同时按照职权，将我国法定机构分为公共管理类、公共服务类、公共事业类，具体类型具体分析，针对不同类型的特点，构建不同类型的发展方案。

五是关于法定机构的未来发展前景。法定机构改革走向符合我国事业单位的改革方向。法定机构改革代表着我国事业单位特别是公益服务类事业单位的改革方向。随着政府逐步向自贸区、开发区下放部分权限，这些区域也是法定机构运行的重要方向。从法治发展方向，我国内地法定机构实践早期可以主要借鉴新加坡和中国香港特别行政区的"一机构一立法"的设立方式，等时机成熟后，要实现法定机构的长期稳定发展，借鉴日本的经验做法，将法定机构作为行政法人，制定一部总则对行政法人的基本运作、基本共通制度及其他事项进行总体规定。现阶段，采用这种方式还比较困难，未来如果能够开启行政法典化，借用法典化的这股东风，在总则中明确行政法人的法律地位，然后在制定分则的时候制定一部专门的行政法人法，也是中国特色社会主义法治的重要内容。

第一章
法定机构的缘起和发展

任何组织结构都是经济与社会的综合产物。就法定机构问题而言，同样离不开特定的历史和文化背景。历史地回顾法定机构制度的形成过程，能够更加清晰地认识到法定机构的兴起是现代国家公共管理发展的必然结果。

第一节　法定机构的缘起

在我国内地，最早成功试点法定机构的是深圳前海管理局，位于深圳经济特区前海深港现代服务业合作区，属于广东自贸区。深圳市与中国香港特别行政区一衣带水，当时设立法定机构的目的中也有促进深港合作，所以我国的法定机构起初借鉴学习了中国香港特别行政区的法定机构经验。但是，从整个世界范围来看，最早实践法定机构这类组织形式的是英国和美国。

一、法定机构的萌芽

法定机构在新加坡和中国香港特别行政区被称为"Statutory Board"，中文直接译为"法定机构"。其实，如果不考虑世界各地法定机构的不同名称，以及在组织结构上的细微差异，法定机构最早可以追溯至19世纪，萌起国家普遍认为是英国和美国。[①] 关于最早萌芽于英国还是美国，国内外学者对此并未达成共识，主要有两种说法：第一种说法是法定机构发源于英国。最初的法定机构的

---

① 参见陈水生：《国外法定机构管理模式比较研究》，载《学术界》2014年第10期。

萌芽出现在公共服务领域，其目的也是满足人们日益增长的各种各样的公共服务需求，这种法定机构能缓解政府的施政压力，减少政府的财政压力，而且也能提高服务水平，可谓一举多得。所以，早在19世纪80年代的维多利亚女王时期就出现了法定机构的雏形，她将澳大利亚铁路公司的管理权全部转交给了公司董事，这些公司董事们拥有大量的法定经营自主权，因此有学者认为英国是法定机构的诞生地，因为此举措直接创造了现代法定机构的组织形式。随后，这种法定机构的管理模式被广泛应用在了英国及其殖民地的公营机构管理中。第二种说法是法定机构发源于美国。从美国的早期实践来看，美国的法定机构萌芽也可以追溯到19世纪末20世纪初，如在"一战"前就存在的商务委员会负责管理铁路，这一类机构的设立目的是将政治与行政分开，摆脱政党的控制，独立地执行具体事务。可见，两种说法都有一定的道理。法定机构萌芽于英美法系国家，随后在新公共管理运动的推动下，这种新的组织制度逐渐走入人们的视野，被重视起来，随着研究和实践的深入逐渐成熟，形成一套完备的理论体系和制度设计。

二、法定机构与西方国家公共管理运动在目的上的契合

法定机构是西方国家公共管理发展的产物。组织的产生必然服务于组织存在的目的。法定机构作为一种组织形态，也必然要服务组织的目的，法定机构的组织目的和功能就是寻求国家行政管理的理想状态与最佳模式。因此，法定机构作为政策与法技术的结合物，其产生、发展以至最后消灭的脉络必然同各个国家和地区的政府不同的侧重点和进度相辅相成。虽然各个国家和地区的政府改革的进度和侧重点存在诸多不同，但是从大的历史长河中，仍然可以总结出西方国家公共管理发展的三大阶段。如前所述，法定机构必然服务于各阶段的改革目标和任务，从目标和任务出发，那么西方国家公共管理发展的三大阶段，同时也可以成为法定机构发展的三大阶段。

第一阶段是20世纪70年代至80年代的新公共管理运动。在新公共管理运动下，这时期的改革主要目的是要重新界定政府和市场之间的关系，具体举措是建立公共服务的私有化和民营化、引入市场竞争机制和激励机制到公共部门中；第二阶段是20世纪80年代至90年代的去行政化、去官僚制的政府革新，具体表现是全面革新政府的组织结构、工作方式和工作流程，提高服务和管理的绩效；第三阶段是20世纪90年代中期以后的治理运动，改革的主要方向是自治和行政分权，引入社会和公共的参与力量，建立一个多元化的治理体系，跳出狭隘的传统的公私二元分离思想，建立政府、市场、社会的多赢合作的现

代治理体系。

三、西方公共管理运动对法定机构的影响

（一）新公共管理运动对法定机构的影响

经历 20 世纪 30 年代的经济危机后，在凯恩斯主义的影响下，西方普遍加强了政府的作用，政府权力进一步扩大，涵盖了社会生活的方方面面，给西方带来了空前的繁荣。但是进入 20 世纪 70 年代，伴随着全球化、信息化、知识经济的兴起，西方世界的传统行政体制越发难以为继，民权运动、经济滞胀、失业以及公共安全、环境污染、社会保障等矛盾日益暴露，西方政府普遍面临着权威危机、信任危机、财政危机。这些严重的经济问题（通货膨胀、经济发展受阻）和社会问题（吸毒、犯罪、信仰危机、单亲家庭、失业等），使原本的社会福利体系成为政府的沉重负担，政府无一不在呼唤行政改革，西方各国相继掀起了声势浩大、持续不断的政府改革运动，而这一改革的趋势是新公共管理运动。20 世纪 70 年代是西方新公共管理运动大潮涌起的时代，"公共服务组织分散化""公共管理人员实行任期与激励""从重政策转向重管理"[1] 等新理念被逐一提出，以"公共服务组织的分散化、对公共管理人员实行任期与激励、公共服务的供给与生产相分离、强调降低成本、从重政策转向重管理"[2] 等为标签的新公共管理运动蓬勃开展。因此，强调绩效、重新界定政府与市场的关系，成为法定机构的主要目的。

在组织形态上，法定机构强调分离，通过分离，引入市场机制，从而提高公共部门的绩效。以英国和美国为例，法定机构在英国被称为执行机构，在美国被称为独立机构。二者都强调分离，一个是把法定机构作为执行机构，同政府的决策职能相分离，另一个则是把法定机构作为独立机构，同政党纷争相分离。二者也都是代理机构，同政府之间是"委托—代理"关系，在英国执行机构的主管部门是上级政府部门，二者通过签订框架协议来实现适距控制；在美国独立机构独立于内阁，直接向总统负责，其主要职责就是承担执行职能，所以他们的英文名称都是"Agency"——代理机构。政府改革的主要方向是重新界定政府和市场之间的关系，意识到政府的局限性，开始思考通过决策与执行的分离弥补政府自身的缺陷，这给了法定机构发展的契机。所以，一般认为西方新公共管理运动的发展为法定机构的产生奠定了直接基础。

---

① 胡税根：《公共管理学》，中国社会科学出版社 2014 年版，第 47 页。
② 张国庆：《公共行政学》，北京大学出版社 2017 年版，第 2 页。

（二）后新公共管理运动对法定机构的影响

20世纪80年代至90年代的去科层制的政府革新也被称为后新公共管理运动。在后新公共管理运动中，这些国家和地区的政府改革的主要目的是小政府大社会，希望在不扩大政府现有规模和开支的前提下，满足人们日益增长的对公共服务和公共管理的需求。正如欧文·E.休斯在《公共管理导论》中所说："自从20世纪80年代中期以来，许多先进国家公共部门的管理发生了变化。公共行政的僵死的、等级的官僚制组织形式曾经支配了整个20世纪漫长的时期，如今正转变为公共管理的弹性的、以市场为基础的形式。这不仅仅是一种形式上的变革或管理风格的细微变化，而是政府的社会角色及政府与公民关系方面所进行的改革。传统的公共行政已经从理论和实践上受到质疑，新公共管理的应用意味着在公共部门出现了一种全新的典范。"[1] 意在激发政府活力、提高政府效率、满足民众需求的法定机构正是这种全新的典范。不可否认的是，科层制作为一种组织形式，为整个世界的发展和繁荣做出了重要贡献，但是伴随着全球化、后工业社会的来临，以及小政府大社会的趋势，科层制的弊病也越来越凸显，急需重大变革。当时科层制的弊病主要体现在：科层制对理性和法律制度的过度尊崇造成的非人性化、理性化和制度化，与现代社会人性化、个性化、自由的解放及民主的追求格格不入。[2] 所以，为了改变科层制的弊端，各个国家和地区不断探寻新的管理方法和手段。因此，法定机构发展到这一时期的主要目的是突破科层制、寻求政府革新的组织手段。以日本为例，日本政府在行政改革中，为提高面对新任务和新情况的灵活性和高效率的挑战，突破传统科层制的弊端，创设了独立行政法人，独立行政法人拥有独立的法律人格，能够以自己的名义独立完成行政任务，采用灵活的管理方式和人事管理体制，从而使组织更加有活力。

（三）治理运动对法定机构的影响

20世纪90年代，治理作为一门学科逐渐兴起，并以惊人的速度流行于社会科学领域。治理运动和新公共管理运动有很多共同之处，但又是对新公共管理运动的进一步发展。虽然治理运动和新公共管理运动都不赞成政府垄断公共事务，强调分权，但是分权的具体方法有所侧重，治理侧重的是引入社会，形

---

[1]　Owen E.Hughes, Public management and administration: an introduction, 2005, p.89.

[2]　参见戴功荣、刘霞:《摒弃官僚制: 政府再造的五项战略》, 中国人民大学出版社2002年版, 第14页。

成一个多元化治理主体的治理网络，而新公共管理侧重的是决策与执行的分离。从词源学的意义上，Governance（治理）可追溯到古典拉丁和古希腊语中"撑舵"一词。其中，关于治理最具有代表性的是，1996 年英国罗兹教授对治理确定的六层内涵：一是以最小的投入获得最大的产出，二是引入企业管理的治理，三是引入市场、社会同政府一起提供公共服务，四是责任政府，五是作为社会互动治理，六是网络治理。[①] 治理理论为东亚、东南亚这些新兴的国家和地区经济、社会发展中面临的困境找到了解决对策，在这些国家和地区发扬光大，进一步创新和发展。治理理论所倡导的多元化、多中心治理，引入社会，善治国家，也为法定机构的进一步发展提供了平台。法定机构转向定位于高效提供公共产品和服务的组织机构，并与政府、行业协会、社会组织等公共组织错位发展，共同参与到公共治理当中。在治理理论影响下政府着眼于树立整体性协同治理理念，建立法定机构常态沟通交流机制，为法定机构提供持续的指导和帮助，在加强对法定机构控制的同时增强主要政策部门代表在法定机构理事会议决策中维护公共利益的作用。以新加坡为代表，新加坡设立了各式各样的法定机构，领域广泛、作用灵活，在经济发展和社会管理中承担多项职能。

第二节　法定机构的世界实践

法定机构在世界范围内的出现有其深刻的时代背景。伴随着全球化、信息化的兴起，传统官僚体制越发难以为继，无一不在呼唤行政改革，新公共管理运动因之兴起，而法定机构正是这场改革运动的核心。伴随着这股改革潮流，法定机构作为一类组织形式，在世界各地开展了广泛的实践，主要代表有英国的执行机构、美国的独立机构、日本的独立行政法人、新加坡的法定机构，以及中国香港特别行政区的法定机构，虽然各地法定机构这一类组织形式的具体名称并不相同（因为改革的侧重点不同，所以反映在名称上有细微差别），但是从设立方式、运行机制、职责来看，这几类机构完全符合判定法定机构的五大标准，可以统称为法定机构。

---

① R.A.W.Rhodes, Understanding Governance: Ten Years On, Organization Studies, Vol.28, No.8, 2007, p.1243, 1264.

一、法定机构的英国实践分析：执行机构（Executive Agency）

执行机构，以新西兰、澳大利亚等英联邦国家为代表，这些国家受到英国执行机构的影响，以英国执行机构为主要蓝本，形成了法定机构的实践方式。因为这种类型在英国最为典型和明显，所以本文以英国的执行机构为例，探讨这一类法定机构的特点，法定机构在英国的发展见图1-1。从法定机构发展的时间脉络来看，英国的执行机构和美国的独立机构都是在法定机构的早期形成的。英国的执行机构强调分离和代理，是新公共管理运动对行政体制改革的产物。因此，在英国，法定机构被称为"Executive Agency"，中文译为"执行机构"，"Executive"是执行的意思，英国的法定机构强调决策和执行的分离，法定机构和政府部门是"委托—代理"的关系，法定机构的定位是政府部门的代理机构。

（一）英国执行机构的设立原因和目的

英国执行机构的建立于英国撒切尔内阁时期，时值英国经济"滞胀"，政府机构臃肿，对公共事务大包大揽，效率又无比低下。1988年，英国首相顾问伊布斯领导的改革小组向政府提交了著名的《改进政府管理：下一步行动方案》[①]，该报告分析了当时英国政府管理中存在的五大矛盾问题：一是政府提供公共服务的特性与其管理体制间的矛盾，二是高级官员擅长的分析、顾问能力与其所需的管理技能之间的矛盾，三是部门工作的繁杂事务与其负责人专长能力之间的矛盾，四是部门预算控制与其绩效、工作成果之间的矛盾，五是驳杂的公务员队伍与统一的薪酬体系之间的矛盾。玛格丽特·希尔达·撒切尔[②]为了解决矛盾、化解危机，要求英国政府严格按照"下一步行动方案"[③]开始设立法定机构（英国称之为执行机构——Executive Agency），筛选出一部分政府机构进行执行机构改革，这些机构大都是在上级主管部门、财政部和改革小组的三方协商下，将一些可以私有化的部分，通过合同出租的方式转给执行机构，并要求执行机构能够提供明确的服务、具备足够的规模等。

---

① Mellon, E., Executive Agencies: Leading Change from the Outside, Public Money & Management, Vol. 13, Issue 2, 1993, p. 25, 31.

② 玛格丽特·希尔达·撒切尔，英国右翼政治家，第49任英国首相，1979~1990年在任。

③ "下一步行动方案"是英国政府将决策与执行相分离的具体落实。行动方案专门设立执行机构，负责履行执行政府的政策和提供公共服务。基本方式是将企业管理模式融入到公共部门的管理中。

英国"下一步行动方案"改革也遭遇了很大阻力，甚至在1993年发生了职员罢工，方案主要负责人肯普也被撤职，此后，在改革方式和效果方面也一直存在争议。但无疑，作为法定机构的先行者，英国的执行机构还是取得了很大的效果，主要体现在：一是将英国行政部长和高级文官从传统的超负荷的工作中解脱出来，不再做那些琐碎的日常工作，而是将精力全部集中在政策的制定和战略的规划上，强调决策职能的发挥；二是赋予执行机构自主权和灵活性，有利于激发执行机构人员的创造性和激情，从而让执行活动更加高效；三是减轻政府的财政负担，执行机构的高效运转和企业化的管理方式，能够提高资金使用效率。

OECD（经合组织）国家
每年财政收入50%
以上用于法定机构

50%

英国
100家法定机构
24万雇员占
公务雇员总数50%

图1-1 执行机构在英国的发展[1]

（二）英国执行机构的制度创建

英国执行机构制度主要是为了解决政府失灵的问题，因此在成员选拔、内部管理、监管方式和绩效考核上，同政府部门有很大差别，这些差别也是英国执行机构的设立目的。

一是执行机构负责人的选拔。英国执行机构负责人的选拔主要采取公开竞争的方式，而不是之前的统一选拔考试和录用。英国的执行机构从决策部门中分离出来，主要是希望能够持续引进企业先进的管理技术、管理理念和管理方式，用法定机构的活力来突破原有的传统行政方式的弊端。然而统计资料显示，1992年底被任命为执行机构负责人的85人中，真正来自于私营部门的仅有6人。1995年共有71人通过竞争方式被任命为执行机构负责人，但也只有36人来自私营部门。[2]人员的流动性不强，导致执行机构中的工作人员把之前传统行政方式的思维惯性又重新带入到执行机构中，造成了行政化严重，并没有真正

---

① 《法定机构——未来区域治理新方案？》，载 http://www.sohu.com/a/290554861_680621，2019年12月5日访问。

② Mellon，E. Executive Agencies：Leading Change from the Outside，Public Money & Management，Vol. 13，Issue 2，1993，p. 25，31.

突破官僚制的弊端，这也是后期"下一步行动计划"改革失败的重要原因。

二是适距控制与框架文件①。适距控制就是适度距离上的控制。主管部门对执行机构通过制定的政策和持续的指导来进行间接的引导和管理。执行机构同主管部门之间签订服务合同，通过合同来明确双方之间的义务和职责。这个合同就是我们说的框架文件，包括如下内容：执行机构负责人的职责任务，执行机构的短期、中期、长期的目标计划，经费来源，考核方案和评估指标等。②

三是不断提升执行机构绩效成绩的外部压力。为了持续保证对执行机构的有效制约和引导，除要求执行机构按照框架文件运行外，还要定期组织对执行机构的绩效评价考核。英国内阁办公厅从 1990 年开始着手对英国执行机构进行绩效考核，并且按照要求将绩效评估结果向公众公开，接受公众的监督。绩效评估的主要内容包括：执行机构的计划方案，实施情况，资金使用情况，人员配比情况，民众反映情况等。其中，最主要的就是看执行机构是否完成了预设目标，这是最重要的考评指标。定期对法定机构进行绩效考核，这是对法定机构进行监管的重要手段。

四是标杆学习③与追求卓越。标杆学习就是常说的榜样学习，找到一个参照对象，其他机构与其对照，进行分析和比较。主要包括三个步骤：第一步，找一定数量的执行机构，制定出一套可以适用的评估指标和方案。第二步，各个机构对照指标开始自我评估，并邀请业务人员作出指导和帮助。这一步骤的重点是如何查找出自身问题，提高自身的运作质量。第三步，比较学习阶段，推动执行机构与其他单位之间的绩效的横向比较，吸取好的经验做法，弥补自身短板。④

五是对执行机构的服务和引导。在英国，虽然执行机构拥有灵活的自主权，但同时这种自主也是相对的，需要行政部门对其进行帮助和指导。在英国的"下一步行动计划"中，执行机构就接受了来自内阁办公厅和其他主管部门的意

---

① 适距控制是指上级主管部门同执行机构保持适当距离，通过政策与资源框架文件实行间接控制。在主管部长和执行机构负责人之间签订工作合同，以明确双方的责任和义务。框架文件包括以下内容：机构负责人向主管部长承担的责任；机构的目的和工作目标；机构所提供服务的具体内容；包括财务目标、财务与规划、核算报告方式在内的履职资源配置；雇员工资及人事安排。

② 参见傅小随：《政策执行专职化：政策制定与执行适度分开的改革路径》，载《中国行政管理》2008 年第 2 期。

③ 标杆学习是质量改进的方法之一，目的是帮助执行机构从其他执行机构的工作运行中学会找出、研究并效仿与高绩效有关的最佳实践，以提高并优化本机构的绩效。

④ Clark，D，"Forward"，in Cabinet Office，Next Steps Report，1997.

见建议，例如 1995 年管理体制情况报告、1989 年财政责任情况报告和 1988 年文官委员会情况报告等。需要注意的是，其中英国的内阁办公厅不仅担负起帮助和指导执行机构的任务，而且邀请国际专家对执行机构相关人员进行培训和技术指导。

（三）实例分析：英国国家监狱管理局

英国于 1993 年组建监狱管理局，其性质为执行机构，对一些监狱进行外包和市场检验，通过适距控制与框架文件保持距离型监督。监狱管理局负责将监狱外包，外包监狱与监狱管理局之间在形式上是契约关系，而不是行政命令关系。监狱管理局是一个监督者，而不是外包监狱的管理者，通过管理外包合同，监督合规情况，检查所雇用的监狱看守员是否称职。

监狱管理局采用法定机构的方式管理监狱，取得了一定成效：一是建设与运营效率更好，将决策与执行分离，既避免了权力寻租，也促进监狱的有效运营；二是节省了政府在监狱建设与运营方面的经济成本，优化资源配置，避免不必要的浪费；三是提高了矫正效果，避免监狱体制化。监狱管理局在执行上有自主权和灵活性，能够充分引进社会力量。

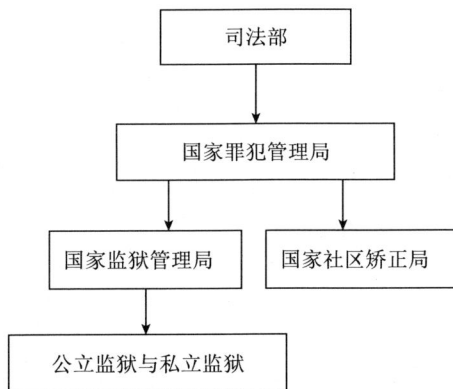

图 1-2 英国监狱体系

国家监狱管理局是司法部和国家罪犯管理局的执行机构，负责对公立监狱和私立监狱的管理和服务，因为其不属于政府部门，监狱管理局的运作方式相对独立和灵活，主要通过签订合同，以合同条约来规范监狱，通过契约形式加强对监狱，特别是私立监狱的管理和服务，英国监狱体系见图 1-2。其实不仅在英国，在美国、德国等欧美国家，也存在大量的私立监狱。这是因为，西方学者认为，刑罚在根本上属于经济学的一种机制，资本主义刑罚的功能在于通过让劳动力后备大军受到严厉的惩罚，使得经济弹性与低工资维持所需要的劳动力后备大军能够持续存在。这也解释了为什么在经济萧条期间，监禁率会上升。欧美等国家属于自由主义市场经济国家，严厉排斥刑事司法制度的高成本，特别是在缺乏技能的劳动力过剩的情况下，成本要比在协调市场经济的条件下低一些。因此，为了降低经济成本，应运而生私有化的监狱。为了更好地管理这些私营监狱，由传统的行政部门来签订外包合同，显然并不合适。这时由不属于政府部门的专业性和灵活性更强的法定机构来承担这项职能，例如英国的国家监狱管理局，以合同条约来规范和管理私立监狱。

二、法定机构的美国实践分析：独立机构（Independent Agency）

独立机构，以美国、墨西哥等美洲国家为代表，其中以美国的成效最显著，体系也很完善。从法定机构发展的时间脉络来看，英国的执行机构和美国的独立机构都是在法定机构发展早期形成的。在美国，法定机构的英文名称是"Independent Agency"，中文翻译成独立机构，"Independent"是独立的意思，美国的法定机构强调政治与行政的分离，从而避免党派之争对经济社会发展的影响，美国的法定机构也采用了"Agency"即代理一词，法定机构和政府部门之前也是一种"委托—代理"关系。

（一）美国独立机构的设立原因和目的

法定机构在美国称为"Independent Agency"，中文译为独立机构。"Independent"译为独立，独立的魅力在于避免卷入政党政治，保持经济社会的稳定发展。"Agency"译成代理，同英国的执行机构一样，和政府是一种"委托—代理"的关系。可见，美国采取了通过成立法定机构的方式，以行政改革来替代政治改革从而部分地解决政治问题的做法。从独立机构的名称来看，美国的法定机构更强调市场至上、个人自由和政府最小化，其法定机构拥有高度的自主性和独立性。独立机构独立于内阁，直接向总统负责，其主要职责就是承担执行职能。[①]美国于1789年4月确立了三权分立原则。按照美国现行法律规定，美国国家体制主要有五类机构：立法、行政、司法、独立机构以及军事机构。独立机构是美国国会通过立法为某一专门目的设立的，不属于任何部管

---

① 参见李荣宏：《我国试行法定机构的行政法研究》，西南政法大学2018年硕士学位论文，第26页。

辖，由总统直接领导，其政治地位低于行政部，但其中一些机构的重要性不在行政部之下。[1] 独立机构大小悬殊，大的独立机构达到几十万人，小的独立机构却不足 3 人。独立机构的设置，历届政府都有增减，例如尼克松政府时多达 120 个，卡特政府时减少到 90 个。目前，美国的独立机构有 57 个。[2]

（二）美国独立机构的类型

美国的独立机构主要分为三类：独立管制机构、其他独立机构和政府公司。

一是独立管制机构。独立管制机构是独立机构中的一大类，通常称为委员会。它们制定的规章条例涉及国民经济的各个方面。首先，独立管制委员会在许多方面不同于行政部门和其他独立机构，它的职能主要是监督和管制私营企业。其次，实行委员会负责制，设主席，但由委员会成员多数作出决定。委员会一般有 5 名至 9 名委员。最后，同行政部门相比，管制委员会独立于总统、其他机构和政治力量。委员由总统任命，参议院批准，但总统不能随意罢免委员。法律还限定一个党担任委员的人数，即保持委员会的两党性。另外，委员任期固定，并长于总统任期，最短为 5 年，最长为 14 年。美国的独立机构设置这些规则的主要目的就是保证独立管制机构的独立性，避免卷入两党之争，远离政党政治，保持经济社会的长期稳定发展。在美国，这一类机构的主要代表有就业机会均等委员会、联邦通讯委员会、联邦储备系统、联邦储备委员会和核管理委员会等。

二是其他独立机构。这类机构为数较多，是为特殊任务而设立的行政管理机构，例如中央情报局、国家航空与航天局、联邦选举委员会、征兵局、小企业管理局等。其中有对外机构，例如美国新闻署、美国国际开发署、美国国际贸易委员会；有人事管理机构，例如人事管理局、联邦劳工关系委员会；有关于信贷的机构，例如农业信贷署等。这类机构实行首长负责制，正副职首长及高级官员由总统任命，参议院批准。

三是属于独立机构的政府公司。在美国，独立机构的政府公司主要有两种类型，即全部归政府所有的政府公司和部分为政府所有的政府公司。其中，全部由政府所有的又可以分为两种：一种是隶属于行政部门或者其他独立机构下的政府公司，另一种则是独立机构。作为政府公司，同其他独立机构的另外两

---

[1] 参见王名扬：《美国行政法》，北京大学出版社 2016 年版，第 45~67 页。

[2] 参见张毅军、林永文：《美国政府机构手册》，军事谊文出版社 2000 年版，第 119 页。

种类型相比，主要有两个特点：一是政府公司的自主权是独立机构中最大的，可以制定自己的财务预算，也可以以自己的名义向银行等机构贷款、借款等。二是在其内部运行机制上，跟企业非常相似，设有董事会和总经理，董事会和总经理在参议院批准下，应由总统来任命。虽然由总统来任命，但是总统没有权力将其免职。美国独立机构的政府公司比较出名的有美国进出口银行、美国国家基金会、美国邮政管理局、国家与社区服务公司等。

（三）实例分析：美国联邦储备委员会

美国联邦储备委员会以独立和制衡为基本原则。美国联邦储备委员会的官方职责是通过制定实施货币政策来维持经济发展的目标，避免货币政策受到政治压力的直接影响。

自成立以来，美国联邦储备委员会时常发现自身与一届又一届总统政府之间存在分歧，意见不合。很多分歧与冲突的根源在于长期经济目标与短期经济目标有所冲突。美国联邦储备委员会应该更注重经济的长期目标，但是选举政治的现实使总统们对于短期目标更为敏感。这就需要美国联邦储备委员会发挥独立机构的优势，顶住政治压力。正如美国联邦储备委员会前主席保罗·沃尔克所说，美国联邦储备委员会主席都服务过不同党派。跟最高法院大法官不同的是，美国联邦储备委员会的主席并非终身制。经济金融系统需要有远见卓识的守卫者，为了坚定的长期目标而努力。[1]

综上，美国联邦储备委员会在美国经济稳定中发挥了重要作用，这也是独立机构的独立性魅力所在，避免卷入政党政治，相对于美国的三权分立，很多学者将美国的独立机构称为"第四部门"。

三、法定机构的日本实践分析：独立行政法人

日本的法定机构被称为独立行政法人。日本向德国学习，将公法人划分为基金会、公营造物和公法团体。在"二战"后，又跟属于英美法系的美国学习，融合了新公共管理运动理论，公法人也逐渐变化，用行政法人的概念来改造公法人，创设出独立行政法人。所以，日本法定机构最大的特点是融合，即将新公共管理理念与公法人制度相结合，创造了独立行政法人。

---

① 参见周代数、靳志伟：《金融市场结构性转变：人员、政策和机构》，中国金融出版社 2018 年版，第 18 页。

（一）日本独立行政法人的设立原因和目的

20世纪90年代，日本学习英国的执行机构制度，创设了日本独立的公法人类型。根据日本法律规定，"独立行政法人是指为了推进政府改革，从国民生活及社会经济安定等公共性的特点，有确实实施必要之事务、事业，且国家没有以主体地位直接实施之必要，但委托民间实施又恐有未能实施之虞，或有由一独占主体实施之必要者，政府得创设使其具备适于有效及效率实施之自律性及透明性之法人制度"[①]。可见，独立行政法人的设立出自于政策上的需要和实际上的需要。独立行政法人，主要包括公社、公团、事业团、公库、特殊银行、金库、特殊会社、其他。

关于独立行政法人的法律地位，日本比较具有代表性的有两个观点：一是准行政主体说。日本学者田中二郎认为，日本设立独立行政法人，是为了将那些承担公共事业的准行政主体视为独特的行政组织，从而将其同其他国家行政组织和地方自治组织相区别，这一类组织既具有从属事业、事务上的公务性行为，又具有私法人的特性，所以被统称为独立行政法人。二是特殊法人说。在现代行政的发展过程中，国家、地方公共团体执行其行政事务时，利用各种各样的组织形态，其中具有独立法人资格的组织从广泛意义上讲也可称为行政体，现实决定其范围时也涉及根据什么条件将这些法人实施的事务、事业看作行政，而且其判断不得不等待国会作出，最终归于各种根据法令的个别解释。[②]在监管方面，特殊行政法人代替执行国家一部分行政职能，它得到各种保护和特别优遇，需要受到监管，按照《独立行政法人通则法》，受到政府统制和国会统制。

（二）日本独立行政法人具有融合性

从以上分析可以看出，日本的独立行政法人同时具有大陆法系和英美法系的特点。一方面，强调法律的规范化，这是大陆法系的特点，日本最先学习借鉴了德国的法律制度，德国是大陆法系国家，成文法强调法律规范对法治的作用，具有严格的法技术标准。因此，日本学者将法定机构归类为独立行政法人，将法人制度与行政主体理论相结合，创设出独立行政法人。从这种法律归类中可以看出，日本的法定机构强调法人的独立性和行政主体的分权特点。另一方面，既借鉴了英国的执行机构，又受到了英美法系下的新公共管理运动的影响，强调分离的特质。因此，日本的独立行政法人，是英美法系下新公共管理运动

---

① 吴微：《日本现代行政法》，中国政法大学出版社2001年版，第274页。
② 参见朱光明：《日本的独立行政法人化改革评析》，载《日本学刊》2004年第1期。

中的法定机构与大陆法系公法人制度的结合，是两大法系趋同发展的结果，这同日本的国情密不可分，日本明治维新时期最早借鉴的就是德国法，因此从溯源上日本的法律具有明显大陆法系的特质，但是"二战"以来，随着美国对日本经济的影响，日本的法律制度也逐渐开始效仿英美法系。可以说，日本的法定机构制度具有明显的本土化特征，进行了制度创新，解决了本国的实际问题。

从日本独立行政法人的实践运行来看，最明显的特征就是灵活性，突出表现在预算和人事两个方面。一是全部预算由国家拨款，从单一年度制度中脱离出来，组织的运作更加灵活了。二是非公务员型在人事上优势明显，没有定编限制，从工资法中解脱出来，可以高薪聘用有能力的人，而且雇佣方式多样化，这些都是以前在传统的政府机构中难以做到的。

从对日本独立行政法人的监督管理方式来看，日本专门制定《独立行政法人通则法》规定独立行政法人的基本原则和基本制度，约束和制定独立行政法人。对于高于国家公务员薪酬标准的那部分人，要求将其原因公之于众，并要得到认可。独立行政法人员工的工资要与绩效水平和绩效考核结果挂钩，同时考评结果也要由监事来进行监督和审查。在设立独立行政法人之前，都会有一部专门的法律来规定该独立行政法人的基本内容，包括绩效考评方式、预期目标等。经过一段时间后，评价委员会对独立行政法人进行考评，考评结果作为独立行政法人机构负责人和内部员工的工资收入的重要参考依据，奖优罚懒，从而激励员工出色完成目标任务。虽然独立行政法人不具有营利性，但是这种引入企业管理的方式，也激励了独立行政法人的效率水平的提高。

（三）实例分析：日本贸易振兴机构

日本贸易振兴机构前身是 1958 年成立的日本贸易振兴会，其设立的主要目的是振兴日本经济发展和促进贸易往来，后来同亚洲经济研究所合并，于 1998 年改名为日本贸易振兴机构，主要是为了获得贸易顺差，扩大出口。日本贸易振兴机构于 2003 年依据《独立机构法人日本贸易振兴机构法》改为独立行政法人，它在日本国内有 48 个事务所，在日本以外的 54 个国家拥有 74 个事务所，总共 120 多个事务所织成了一张庞大的网络，致力于使日本成为全世界所信赖的经济伙伴，为开拓海外市场的日本企业提供时刻可以依靠的港湾而不懈努力。

日本贸易振兴机构成为独立行政法人，立足本国面临人口老化、人口减少，而日本以外的地区人口正在增多，收入水平也在不断上升的情况，利用日本贸易振兴机构的优势将这些海外的活力注入到日本的经济发展当中。日本贸易振兴机构实行法定机构的模式，有诸多原因：一是突破了政府部门的身份，便于同海外的国家和地区进行贸易往来；二是灵活性，选择具有国际思维的优秀人才进入机构，适宜不断发展的国际局势；三是目标性，日本的独立行政法人都设有中长期目标和评估体系，有利于激发机构活力，实现其将海外活力注入日本经济发展的使命。

综上，正如日本官员泽田登志子曾在采访中说："独立行政法人是为了摆脱国家机构的劣势而设置的小型组织，应该努力做些国家没有做到的事情，比如政策评估、人事评估等。成功的话，可以改换这个国家的机制，失败了，也会积累一定的经验。总之，应该积极地去尝试，如果没有尝试的意愿，一切都按照原来方式去做的话，独立行政法人就没有存在的意义了。从这个角度上讲，独立行政法人是一项巨大的试验，这一试验可能会改变日本的未来。"[1]从日本法定机构的发展经验可以看到，尝试法定机构，要给予一定的改革政策，只有实验了、尝试了，才知道好不好用，如果总是顾虑太多，就永远迈不出步子，往往会错失发展的良机。

四、法定机构的新加坡实践分析：法定机构（Statutory Board）

新加坡沿袭英国的执行机构类型，后来伴随着本国的发展融入本国国情，发展出新加坡的法定机构，随后东南亚的泰国、马来西亚等国家也相继学习借鉴，形成东南亚国家的法定机构的实践方式。新加坡自20世纪60年代以来，设立了建屋发展局和经济发展局等各式各样的法定机构，领域广泛，作用灵活，在经济发展和社会管理中承担多项职能。例如，帮助提升国家经济活动的经济发展局、贸易发展局，提供民生服务的建屋发展局、中央公积金局，提供基本设施服务的民航局、海事及港务管理局，执行管制任务的金融管理局等。

（一）新加坡法定机构的设立原因及组成部分

法定机构在新加坡被称为Statutory Board（法定机构），我国引入的法定机构一词就是从这个英文词汇直译过来的。"Statutory"在牛津词典中的意思是"法定的"，而且这个法是高位阶的，必须是能够对权利和义务作出规定的法律法规。[2]"Board"有董事会、理事会的意思。所以从词源上来看，新加坡的法定机构——Statutory Board，有两个特点：一是法律法规设立的，议会法案明确了法定机构的成立原因和职权范围；二是董事会的运行机制，新加坡法定机构的

---

① 李琳：《日本的独立行政法人制度及其现状》，载《RIETI电子信息》2003年第2期。
② 《牛津法律词典》："statutory means required, permitted, or enacted by statute."

运行机制是仿效企业的董事会制。有这两大特点的新加坡法定机构既不属于公务员系统，也不能享受政府部门的法定特权和豁免权。法定机构在履行职能方面拥有更多自主权和灵活性，对自己的官司、协议、合同和以它们的名义收购和处置资产的行为负责。

与其他国家和地区的法定机构相比，新加坡法定机构在其政府管理体系中是位势最高的，政府紧紧依靠法定机构的延伸，供给公共服务。新加坡早期的法定机构主要是建屋发展局和经济发展局，它们分别在解决住房短缺和失业问题方面取得成功。这两个法定机构取得的成效也促使新加坡法定机构数量激增，时至今日新加坡一级政府有 16 个内阁部，各部共下辖 67 个法定机构，新加坡的主要法定机构见表 1-1，法定机构的分布情况见图 1-3。法定机构是新加坡直接或间接参与经济发展的三种形式之一，其对新加坡经济的重大影响，也促使新加坡学者对法定机构加深研究，比较有代表性的对新加坡法定机构的定义是，一种通过专项立法成立以履行特定职能的自治政府机构，是对根据议会法案建立的机构的泛称。

表 1-1   新加坡的主要法定机构（截止时间 2018 年）[①]

部门	法定机构	
社会及家庭发展部	印度裔基金理事会	国家福利理事会
	新加坡伊斯兰宗教委员会	人民协会
	新加坡体育理事会	
国防部	国防科技局	
教育部	新加坡理工学院	东南亚研究所
	义安理工学院	工艺教育学院
	淡马锡理工学院	新加坡科学馆管理局
	南洋理工学院	新加坡考试与评鉴局
	共和理工学院	东南亚研究所
		工艺教育学院
财政部	新加坡国内税务局	新加坡赛马博彩管理局
	会计与企业管制局	

---

① 柯受田：《高效政府：新加坡式公共管理》，新华出版社 2018 年版，第 213 页。

续表

部门	法定机构	
卫生部	保健促进局	新加坡护士委员会
	卫生科学局	新加坡药剂师理事会
	新加坡牙医理事会	中医管理委员会
	新加坡医药理事会	
内政部	新加坡复员技训企业管理局	新加坡赌场管理局
新闻、通讯及艺术部	新加坡资讯通讯发展管理局	新加坡国家文物局
	媒体发展管理局	古迹保存局
	国家艺术理事会	国家图书馆管理局
律政部	新加坡知识产权局	新加坡土地管理局
人力部	新加坡劳工基金会	新加坡劳动力发展局
	中央公积金局	
国家发展部	新加坡农粮兽医局	新加坡建筑师理事会
	新加坡建设局	新加坡专业工程师委员会
	建屋发展局	国家公园局
	市区重建局	
环境及水源部	国家环境局	公用事业局
贸易和工业部	新加坡科技研究局	新加坡国际企业发展局
	新加坡竞争局	裕廊集团
	经济发展局	新加坡旅游局
	能源市场管理局	标新局
	旅店执照局	圣淘沙发展局
交通部	新加坡民航局	新加坡海事及港务管理局
	陆路交通管理局	公共交通理事会
总理公署	新加坡公共服务学院	新加坡金融管理局

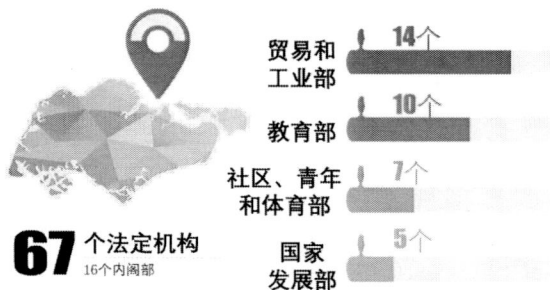

图 1-3   法定机构在新加坡的分布情况（截止时间 2016 年）①

从图 1-3 中可以看出，新加坡的法定机构隶属于各个内阁部，法定机构的董事长由隶属的内阁部的部长任命。国家根据经济、社会发展的需要设置负有具体职能的法定机构，主要涉及经济、教育、科技、文化、卫生等领域，承担着各内阁部有关公共事业的执行和公共服务的提供工作。

（二）新加坡法定机构的运行特点

新加坡的法定机构的运行机制仿效企业的董事会制。通常由三组人员负责管理：第一组人员是管理层。最高管理层是董事会，成员是高级公务员、企业家、专业人士和工会会员。董事长由负责监督相关法定机构的部长任命，通常是议员、最高级别公务员或某一领域的杰出人士。第二组人员是管理团队。董事会下面是管理团队，由 1 名总经理或执行董事（同时是董事会成员）、1 名秘书和各部门负责人组成。第三组人员是由行政专员、执行官和文书人员组成的辅助人员，负责落实董事会和管理团队的决策。

在人员管理方面，法定机构不属于公务员系统，因此，法定机构的员工不是公务员。这意味着，法定机构的员工不由新加坡公共服务委员会招聘和选拔。只有一种情况例外，即法定机构自己请求公共服务委员会帮忙选聘高级职员。与公务员系统不同的是，各个法定机构的薪资等级划分、待遇和晋升惩戒规定未必相同。虽然这些事项会根据公务员系统的相关规定来确定，但它们与公务员系统的规定并不完全相同，会随着法定机构职能的不同而变化。

在财务安排方面，如果可能的话，法定机构应自行承担经常性支出。如有

---

① 《法定机构——未来区域治理新方案？》，载 http://www.sohu.com/a/290554861_680621，2019 年 12 月 5 日访问。

盈余，可用于投资、留作储备金或资本金。如果法定机构的收入无法承担经常性支出，可以向政府申请低息贷款。例如，新加坡建屋发展局在 1980~1981 年 4100 万新元的赤字便是用政府补贴填补的。同样，没有收入来源的法定机构，如新加坡经济发展局，可依靠政府贷款作为自身发展壮大的经费。

在监管监督方面，虽然法定机构不属于公务员系统，但也要接受财务审查，它们的账目必须由审计长或经主管部长指定的得到正式认可的公司审计师审核。主管部长还必须审批法定机构的年度预算额并向议会提交该机构的财务报表和年度报告。

（三）实例分析：新加坡建屋发展局

新加坡全国只有一级政府，政府内设有 16 个部门来管理新加坡，在这些部门下又设有多家经由议会批准设立的法定机构，这些法定机构是实行企业化管理的机构，不属于政府行政序列，其内部员工也不具有政府编制，在财务上实行独立核算、自主经营、自负盈亏，例如新加坡经济建设发展局、新家坡建屋发展局、新加坡国立大学等。在这些机构中，对经济和社会发展有重大贡献的就是新加坡建屋发展局。

建屋发展局、国家公园局、重建局是新加坡国家发展部下设的三家法定机构。其中，新加坡建屋发展局负责新加坡的组屋管理。在新加坡建屋发展局成立之前，新加坡有很多民众生活在环境简陋、恶劣的贫民区，大约有 25% 的居民生活在贫民区，30% 的居民生活在非法搭建的棚屋中。为了解决严峻的住房问题，新加坡设立了新加坡建屋发展局，专门负责解决新加坡居民的住房问题，负责建设组屋。1960 年 2 月 1 日新加坡建屋发展局成立后，新加坡将其定位为法定机构，主要目的是要达到居者有其屋，负责为新加坡公民提供质量好、买得起的组屋，保证社会稳定，提高公民的生活条件，合理使用宝贵的土地资源。

新加坡建屋发展局的职责主要有：一是根据需求条件，统一制定计划。新加坡建屋发展局在全面掌握新加坡现有土地情况、居民的房屋需求和房屋设计等基本信息后，根据居民的不同阶层、不同条件、不同民族、不同习惯，统一合理安排建筑面积和房屋建设计划。二是制定建设时间进度，统计建设房屋。新加坡建屋发展局统一实施房屋的建设工程，严格制定施工方案、施工时间进度表、施工效果图，统一把关施工质量。三是公开透明。由新加坡建屋发展局统一负责分配房屋。新加坡建屋发展局根据公开透明的原则，严格审查房屋申请人的资格，确定后准确登记，按照公平公开规则分配给需要的公民。四是严格管理。新加坡建屋发展局负责对新加坡组屋进行统一管理，内部设有 41 个办

29

事处，它们专门负责公共住宅区的统一管理、审核身份定期登记、管理组屋的配售和租赁、对组屋进行修缮和改良、其他关于组合政策的执行等。

新加坡建屋发展局的机构设置主要包括产业部、建设部和行政部。其中，建设部主要负责制定建设时间进度，统计建设房屋。新加坡建屋发展局统一实施房屋的建设工程，严格制定施工方案、施工时间进度表、施工效果图，统一把关施工质量。产业部主要负责制定建设时间进度，统计建设房屋。根据公开透明的原则，严格审查房屋申请人的资格，确定后准确登记，按照公平公开规则分配给需要的公民。行政部相当于新加坡建屋发展局的人事部，主要负责内部的日常运行，例如公文流转、人员管理和绩效考核。关于新加坡建屋发展局的人员设置，负责人包括1名主席、1名总执行官、2名副执行官。目前，新加坡建屋发展局大约有4500名工作人员，总执行官由新加坡国家委员会任命，同时还需要获得新加坡发展部部长的批准。

新加坡建屋发展局的管理特点：第一，新加坡建屋发展局的内部管理机制非常清晰，职责分工明确，各部门各司其职。在这种高效的管理下，到2009年，新加坡人均住房面积就提高到了30平方米。第二，作为法定机构，新加坡建屋发展局具有独立性，能够根据新加坡住房情况制定计划，负责执行组屋的建设、配售、配租等相关工作，同时建屋发展局不以盈利为目的，具有公益性，能够彻底解决新加坡民众的住房难题。

新加坡建屋发展局采用法定机构的方式，一方面突破现有政府部门构成，利用法定机构灵活性、绩效性的特点，发挥最大能动性，最大化地、比较公平地解决民众的住房问题，另一方面具有法定机构的法定性，以提供公共服务为宗旨，具有公益性，保证公共资源分配的合法合理。

五、法定机构的中国香港特别行政区实践分析：法定机构（Statutory Board）

同新加坡一样，法定机构在中国香港特别行政区也被成为Statutory Board，中文直译为法定机构。法定机构是根据中国香港特别行政区法例的个别条例成立并受条例监管的公共机构。

（一）中国香港特别行政区法定机构的设立原因和主要构成

20世纪80年代，法定机构出现在了中国香港特别行政区。当时正值香港政府面临社会大众对香港政府提供的公共服务不满意，不断给香港政府施压的状况，在这种背景下，香港政府为了满足公众对日益增长的公共服务的需求，提高公共管理水平，设立法定机构。法定机构不仅满足了社会需求，而且由于其独特的灵活性，能够吸引更多的人才进入法定机构。此后，中国香港特别行政区的法定机构得到迅速发展，根据中国香港特别行政区政府民政事务局的统计，截至 2019 年 4 月 30 日，中国香港特别行政区共有 258 家法定机构（见表 1-2）。中国香港特别行政区法定机构制度已经成为中国香港特别行政区的一大亮点和特色。

表 1-2　中国香港特别行政区的法定机构（截止时间 2019 年 4 月 30 日）

类别	定义	数量	例子
咨询委员会	这些委员会就特定范畴和事宜，持续向政府提供有关资料信息和专业意见，并就政府制定政策或政府工作提出意见和建议	66	1. 香港十八区的区议会 2. 香港出口信用保险局咨询委员会 3. 公务员叙用委员会
非政府部门的公共机构	此类为非商业机构，负责为市民提供服务。它们独立于政府之外，但却执行政府特定的职能	16	1. 香港贸易发展局 2. 香港医院管理局 3. 消费者委员会
规管委员会	注册委员会：负责批准新成员加入相关专业或行业，借此实行行业监管 牌照委员会：负责规管处所或设备指定用途的发牌事宜 督导委员会：规管特定的活动	45	1. 土地测量师注册委员会 2. 酒牌局 3. 选举管理委员会
上诉委员会	该类委员会负责就上诉案件作出裁决，具备司法职能	72	1. 牌照上诉委员会 2. 税务上诉委员会 3. 证券及期货事务上诉审裁处
信托委员会	这些委员会是为指定受益人的利益或特定目的而持有及管控财产的组织	38	1. 职业性失聪补偿管理委员会 2. 李宝椿慈善信托基金管理委员会
公营公司	依法成立的商业实体，负责提供货品或服务	5	1. 海洋公园公司 2. 市区重建局
其他委员会	未能归入上述类别的委员会	16	1. 香港 8 间大学的校董会 2. 建造业议会

（二）中国香港特别行政区法定机构的运行特点

1. 一事一立法

这是中国香港特别行政区法定机构最大的特点，香港特别行政区的每一个法定机构都有一部专门的法律，规定此法定机构的成立目的、运行机制、人员管理、监管体制、经费来源等具体内容。一事一立法，能够保证单个法定机构的独特性、灵活性和高效性。例如，成立香港贸易发展局的法律规定是《香港贸易发展局条例》，在该条例的第 1 条就明确写道："本条例旨在就香港贸易发展局的设立，其权力和职能的界定，以及相关或附带事宜订定条文。"成立香港医院管理局的《医院管理局条例》中第 1 条明确："本条例设立一个法团管理及掌管公营医院，用以在公营医院提供医院服务，并对附带或有关事宜作出规定。"设立香港艺术发展局的规定是《香港艺术发展局条例》，其第 1 条就明确："本条例旨在就设立香港艺术发展局为法团以在香港发展艺术，以及就其职能订定条文。"

2. 具有具体职能，不能越权越位

中国香港特别行政区的法定机构的职权被明确规定在成立该机构的法律规定中，而且都是非常具体的职责，每个法定机构都有其独特的任务使命，各司其职，不能越位缺位，要严格按照法律规定的职权内容履行职责。例如，香港机场管理局的主要职责就是运行、发展、维护香港机场，香港医院管理局的主要职责是提供医疗服务、管理医疗系统，香港贸易发展局负责促进香港贸易发展、提供服务支持，香港艺术发展局主要是为了促进香港文艺的发展。

3. 经费主要来自政府支持

中国香港特别行政区法定机构的资金主要来源于政府拨款，中国香港特别行政区法定机构主要出资人是政府，也有部门法定机构能够收取费用。[①] 因此，根据经费来源方式，中国香港特别行政区法定机构模式可以分为两类：一类是由政府全部财政拨款资助的法定机构，另一类是在设立时由政府出资，运作中按照成本来收取费用，自收自支。例如，香港贸易发展局由政府出资设立，政府每年予以财政拨款。《香港贸易发展局条例》第 21 条规定："在每个财政年度，须从立法会拨款中向发展局支付行政长官批准作协助发展局行使其职能之用的款项。"但香港贸易发展局按照商业化原则运作，也允许其收取费用。《香港贸易发展局条例》第 5（1）（h）条规定："发展局可……就使用发展局提供的任何

---

① 参见张楠迪扬：《香港法定机构再审视：以内地政府职能转移为视角》，载《港澳研究》2016 年第 2 期。

设施或服务收取费用。"

4. 能够起诉和被诉，独立承担责任

中国香港特别行政区的法定机构能以自己的名义起诉和被诉，独立承担刑事、民事和行政责任。这一方面能够让法定机构依法履职，是对法定机构的一种监督，另一方面也有利于保障法定机构相对人的救济权利。关于法定机构的责任能力，在成立法定机构之法中都会被明确指出。例如，《香港贸易发展局条例》第 3 条规定："香港贸易发展局……能起诉与被起诉，并在符合本条例的规定下，能作出和承担法人团体可合法作出和承担的所有其他作为及事情。"《香港科技园公司条例》第 3 条规定："科技园公司为一法人团体，能起诉和被起诉。"《香港法律援助局条例》第 3 条规定："法援局永久延续，并可以其法团名义起诉与被起诉。"

（三）实例分析：香港廉政公署（ICAC）

香港廉政公署（缩写 ICAC，原称总督特派廉政专员公署），于 1974 年 2 月 17 日组建，是一个与所有的政府机关相脱离的打击贪污的法定机构，以肃贪倡廉为目标，调查对象覆盖全社会，其工作人员不属于公务员系统。

廉政公署的法律依据是《廉政公署条例》。廉政公署直接向特区行政长官负责，具有高度的独立性，除此之外不受其他任何人的指挥和管辖。廉政公署有自己的独立预算，从香港政府一般收入中支付。香港廉政公署具有调查权和执法权，是在司法领域采用法定机构方式的典型代表。

第三节　法定机构的比照借鉴

法定机构起萌于英美，然后在东南亚地区发扬广大，其存在基础是分离的思想，即执行与决策的分离，从而一方面使执行和决策都更加专业、高效和灵活，另一方面在不增加政府负担的情况下，引入法定机构来满足小政府大社会的需求，由此可见，世界各地法定机构的实践是一脉相承的，存在基础是治理理论中的多元化、协同治理思想。但是，现今中国特色的法定机构改革，不同于以上实践做法的历史背景，他们的植根基础是完全不同的。中国特色的法定机构深深根植于中国特色社会主义，是中国发展到今天，朝着国家治理现代化的目标迈进，吸收借鉴各地法定机构实践做法的基本规律和经验，扎根中国国情，发展出来的中国特色的法定机构。也许从法定机构操作的技术层面来看，中国特色社会主义的法定机构同各地法定机构在法定性、治理机制上有一定相似性，但是从根本上看、从制度上讲却是完全不同的东西，中国特色社会主义的法定机构是中国本土生长出来的。本节就以上分析的法定机构的主要经验做法，哪些适合在我国内地自贸区、开发区内借鉴，哪些不适合、不能采纳，或者哪些情况需要我国在内地自贸区改革中注意避免逐一进行阐述。

一、英国执行机构

在法定机构的控制和改进上，可以借鉴学习英国执行机构的适距控制与框架文件。英国法定机构的框架文件跟我国法定机构之"法"的作用很相似，例如《前海深港现代服务业合作区总体发展规划》文件中规定了法定机构的设立理由、运行机制和管理办法，是法定机构履行职责和义务的重要依据，也是政府对法定机构进行控制的重要文件。通过这种既定的有约束的文件来处理政府与法定机构的关系，既能够保证政府对法定机构持续的指导和帮助，也能够避免政府过多的干预使法定机构失去灵活性和自治性。

在对法定机构的监督管理上，可以借鉴学习英国执行机构的绩效评估，来不断提升执行机构绩效的外部压力。定期组织对执行机构的绩效评价考核。英国内阁办公厅从1990年开始着手对英国执行机构进行绩效考核，并且按照要求将绩效评估结果向公众公开，接受公众的监督。绩效评估的主要内容包括执行机构的计划方案、实施情况、资金使用情况、人员配比情况、民众反映情况等，其中，执行机构是否完成了预设目标是最重要的考评指标。定期对法定机构进行绩效考核是监管法定机构的重要手段，这个做法非常值得我国法定机构学习和借鉴。

在法定机构的推广适用上，可以借鉴学习英国执行机构的标杆学习与追求卓越。标杆学习的三个阶段：第一阶段主要探讨基准比较技术在公共部门的适用性。第二阶段要求机构进行自我评估，并邀请相关专家进行协助和指导。第三阶段推动执行机构与兄弟单位、地方政府部门、中介组织以及与其他国家的公共组织进行绩效比较。这种标杆学习法值得我国法定机构学习和借鉴，特别是在法定机构的推广适用方面，要有步骤地循序渐进地推动，同时对于有经验的试点单位要总结经验方法，要达到成熟一个发展一个、发展一个指导一片的效果。

在对法定机构的服务和引导上，可以参考执行机构的服务和引导。在英国，虽然执行机构拥有灵活的自主权，但同时这种自主也是相对的，需要行政部门对其进行帮助和指导。在英国的"下一步行动计划"中,执行机构就接受了来自内阁办公厅和其他主管部门的意见建议,例如 1995 年管理体制情况报告、1989 年财政责任情况报告和 1988 年文官委员会情况报告等。需要注意的是,英国的内阁办公厅不仅担负起帮助和指导执行机构的任务,而且邀请国际专家对执行机构相关人员进行培训和技术指导。这一点同我国法定机构实行党委领导相契合,我国法定机构都设有党委,是在党委领导下发展的法定机构,所以强调法定机构的独立性和灵活性,也确保党对法定机构的领导和指导,例如南方科技大学是坚持党委领导下的校长负责制。

英国在监狱领域采用法定机构的组织方式,目前不适合我国国情,我国不能借鉴,因为与西方的刑罚执行制度不同,西方的刑罚执行是公共提供、私人生产,而在我国,监狱是刑罚执行机关,属于国家机关,是刑事诉讼程序中非常重要的一环,监狱的目的是惩罚和改造相结合、教育与劳动相结合[①]。可见,与西方监狱不同,我国监狱为公共提供、公共生产,不以营利为目的,所以失去了监狱私营化的存在基础,考虑到司法独立和司法权威,监狱管理必须由国家来直接管理,不能由法定机构来实施管理。

综上,英国的法定机构是执行机构,将政府从执行事务中脱离出来,专注于决策制定,而由法定机构负责政府部门的执行类事项,实现专业化、灵活性和市场化,这些都是采用科层制的政府部门很难做到的。同时,为避免行政化,还通过框架性文件实现对执行机构的适距控制,框架性文件中规定了法定机构的设立理由、运行机制和管理办法,是法定机构履行职责和义务的重要依据,也是政府对法定机构进行控制的重要文件。英国执行机构的一些做法,例如,适距控制和框架文件在去行政化中发挥有效作用,标杆学习和追求卓越有步骤地循序渐进地推广法定机构的做法,值得我们借鉴,但是也要看到,并不是全部都适合我们,毕竟两个国家的国家性质不同,例如,英国国家监狱管理局作为法定机构在节约成本、建立高效监狱上发挥了重要作用,国家通过间接的方式来管理监狱;但是,在我国,由于刑罚执行的目的和司法权威,不能由法定机构来承担监狱管理职能,必须由国家直接对监狱进行管理。

二、美国独立机构

美国与我国不同,美国是两党制,成立法定机构的主要目的是独立,这

---

① 我国《监狱法》第 3 条规定:"监狱对罪犯实行惩罚和改造相结合、教育和劳动相结合的原则,将罪犯改造成为守法公民。"

一类机构大都对美国经济社会的稳定负有重要职责，脱离党派之争从而维护经济社会稳定发展。而我国的政党制度是中国共产党领导的多党合作和政治协商制度，在我国法定机构都设有党委领导，例如，南方科技大学坚持党委领导下的校长负责制，深圳前海管理局和深圳前海管理委员会实行"两个牌子一套人马"，加强党的领导是我们深化行政体制改革的首要要求。因此，对于美国独立机构，不能盲目学习借鉴，毕竟我们的体制和国情不同，要辩证地看待。

三、日本独立行政法人

日本是大陆法系国家，有着成文法的传统，法定机构是英美文化下的产物，为了让法定机构在日本能够很好地实施，日本政府在行政改革中，将英美法系新公共管理运动的模式与大陆法系公法人制度结合，实行独立行政法人制度。在1999年通过了《日本独立行政法人通则法》，以一部专门规定法定机构的法律，统领所有法定机构的设立、运行和监管。《日本独立行政法人通则法》明确了本法律订立独立行政法人的基本运作、基本共通制度及其他事项，与订立各独立行政法人的名称、目的、业务范围等相关事项之法律（以下称"个别法"）相互集合，其目的是确立独立行政法人制度及独立行政法人从公众观点办理事务，策划确实的实行业务，增进国民生活之安定及社会经济安全发展，明确各独立行政法人的组织运营及管理。可见，《日本独立行政法人通则法》同设立各具体法定机构的法律法规是一般法与特别法的关系。日本制定一部法律确定了法定机构的法律地位，对我国有一定的借鉴意义。

四、新加坡法定机构

如前所述，新加坡法定机构对我国有一定的借鉴意义，但是也要看到我国的行政体制不同于新加坡。新加坡设立一个简单的政府组织系统就能概括全国各个地方的保障性住房的管理；在我国设立新加坡类似的建屋发展局至少要分为三级行政机构：第一级为省一级，负责把国家制定的保障性住房政策根据本省的实际情况具体化；第二级是市一级，负责把具体政策措施下达给各县、区；第三级为县一级和区一级，这一层的机构主要负责保障性住房政策的有效实施。而且中国幅员辽阔，不同省份、自治区的情况还不同，像新加坡这样成立一家法定机构来承担全国的公共管理或公共服务职能是根本不现实、不可行的。新加坡法定机构的企业化董事会的运行机制对我国有借鉴意义，但是法定机构的管辖范围和领域却不能借鉴。

五、中国香港特别行政区法定机构

沿袭英国的执行机构，后来出于当地小政府大社会的需求以及香港特别行政区自身发展的需要，中国香港特别行政区形成了自己的法定机构。深圳与香港特别行政区一衣带水，有着地缘优势，中国香港特别行政区法定机构也成为深圳法定机构的主要借鉴形式。"一机构一立法"是中国香港特别行政区法定机构最显著的特征，中国香港特别行政区的法定机构基于专门法律依法履职，法定机构的专门法律对法定机构的职责、人员组成、运行方式、监督监管有明确规定，法定机构要在专门法律里规范履行职责。中国香港特别行政区的法定机构较其他四种做法更为自主灵活，其主要参与决策的人员一般由行政长官或政府邀请的有资历人员担任，在一定程度上使其政策的方向性与政府机关保持一致。这种一事一立法的好处在于，能够保证法定机构设立目的的明确性，保证法定机构能够在既定的政策方向下，达到预期目标。

第二章

法定机构的理论建构

2010 年以来，法定机构在我国内地经过 10 年的发展，从无发展到如今的 29 家，积累了很多实践经验，也取得了成效。但是，法定机构发展至今，也暴露出诸多问题，如行政化、定位模糊、监管欠缺等，这些成为困扰法定机构未来发展的瓶颈。只靠单个法定机构在管理方式上的小修小补，终究不能解决根本问题。理论是实践的先导，根据法定机构的法律属性和法律特征构建起具有中国特色的法定机构理论体系和制度基础，才是法定机构突破发展瓶颈、永葆生命力的关键，这也是本章将重点讨论的问题。

第一节　法定机构的概念

法定机构不是各国在法律上通用的法律术语，其天然地是一个广义概念，是指依法定程序由立法机构专门立法设立或授权设立的，不列入政府部门序列，采用"决策层＋执行层＋监督层"法人治理方式来进行公共事务管理或提供公共服务的行政法人。

法定机构在各地表现形式不同，具体做法也存在差别，例如：英国—执行机构、美国—独立机构、日本—独立行政法人、新加坡—法定机构、中国香港特别行政区—法定机构。除了称呼不同，法定机构在具体设置形式上也不同。从世界范围来看，学术界对法定机构一般通过"列举＋描述"的方式下定义。作为法定机构试点的排头兵，深圳有地缘优势，借鉴的也是与其一水之隔的中国香港特别行政区的法定机构。上海陆家嘴金融城发展局主要借鉴伦敦金融城的法定机构。我国一些事业单位除了借鉴中国香港特别行政区的法定机构外，也借鉴了新加坡的法定机构的经验。可以说，我国内地的法定机构借鉴了世界各地法定机构的实践做法。其实，法定机构经过 100 多年的发展，世界各地相互借鉴和学习，越来越体现出融合的趋势，法定机构的共性特征也越来越明显。虽然各地的具体称谓不同，但是对法定机构的认识是趋于一致的，即法定机构是国家间接履行公共任务的一种方式，强调以人格独立、行为自主作为去行政化和行政分权的手段，法定机构的意义是通过法定机构的自主与独立特性来实现行政的自治与绩效，法定机构与行政部门、企业等有相同之处，但是因为它的灵活性，能够集众家之长，吸收优势，补足短处。

一、现有法定机构的概念

（一）国内学者对法定机构的定义

笔者检索了中国知网上研究法定机构的文章，总结目前国内学者关于法定机构的定义，主要有以下：

冯辉在《法定机构研究》[1]一文中认为，法定机构是根据专门法律直接设立的具有特别职能的法人，可分为政府序列的法定机构、企业序列的法定机构和第三部门序列或 NPO 序列的法定机构。

李荣红在《我国试行法定机构的行政法研究》一文中认为，法定机构是根据特定的法律、法规或者规章设立，依法承担公共事务管理职能或者公共服务职能，不列入行政机构序列，具有独立法人地位的公共机构。

陈水生在《国外法定机构管理模式比较研究》[2]，崔健、杨珊在《前海合作区借鉴境外法定机构管理模式研究》[3]，傅小随在《法定机构及其在公共服务体系中的特殊作用》[4]中均认为法定机构是立法机构通过专门立法设立的与政府决策部门相区别的，相对自主，独立运作，承担法律赋予的执行公共政策、提供公共服务和发展经济职能的公共管理机构。

---

[1] 冯辉:《法定机构研究》，载《政府法制研究》2016 年第 3 期。

[2] 陈水生:《国外法定机构管理模式比较研究》，载《学术界》2014 年第 10 期。

[3] 崔健、杨珊:《前海合作区借鉴境外法定机构管理模式研究》，载《中国机构改革与管理》2011 年第 4 期。

[4] 傅小随:《法定机构及其在公共服务体系中的特殊作用》，载《行政论坛》2009 年第 2 期。

（二）我国官方文件中对法定机构的定义

在政府的官方文件中经常出现法定机构，一些官方文件也对法定机构下定义，以下是几个比较具有代表性的文件：

深圳市《关于推行法定机构试点的意见》中写道，法定机构是依特定立法设立，依照国家有关法律、法规、规章规定进行监管，具有独立法人地位的机构。

《深圳经济特区前海深港现代服务业合作区条例》中写道，法定机构是实行企业化管理但不以营利为目的的履行相应行政管理和公共服务职责的机构。

广东省机构编制委员会办公室《关于在部分省属事业单位和广州、深圳、珠海市开展法定机构试点工作的指导意见》中写道，法定机构是根据特定的法律、法规或者规章设立，依法承担公共事务管理职能或者公共服务职能，不列入行政机构序列，具有独立法人地位的公共机构。

《佛山市顺德区法定机构管理规定》中写道，法定机构是依据地方人大常委会审议通过的规范性文件设立，依法履行公共事务管理和公共服务职能，具有法人资格，能够独立承担法律责任的公共机构。

《广州市南沙新区明珠湾开发建设管理局设立和运行规定》中写道，作为法定机构，南沙新区明珠湾开发建设管理局依法承担公共事务管理和公共服务职能，实行企业化管理，不以营利为目的，且具有独立法人地位。

《海南国际经济发展局设立和运行规定》中写道，法定机构是基于公共服务目的而设立，不以营利为目的、不列入行政机构序列、不从事法定职责外事务，经授权代表政府在法定职责范围内开展经贸活动的非营利法人机构。

《天津经开区法定机构改革实施方案》中写道，法定机构是指立法机构通过专门立法设立的、与政府决策部门相区别的，相对自主、独立运作，负有法律赋予的执行政府政策、提供公共服务或发展经济职能的公共管理机构。

青岛市人民代表大会常务委员会《关于青岛国际邮轮港开展法定机构试点工作的决定》中写道，青岛国际邮轮港管理局（以下简称邮轮港管理局）是依据本决定设立，依法承担公共事务管理和公共服务职能，实行企业化管理但不以营利为目的，具有独立法人地位的法定机构。

二、法定机构与相关概念之间的关系

（一）法定机构与"法定的机构"的关系

如果仅从字面浅层意思上看，法定机构可以理解为所有法律法规规定的机构。本书从一开始就明确，法定机构是个法学概念，并不是法律概念。法律概念是体现在法律规则中的具有法律正式含义的概念，而法学概念则是指研究法律和法律现象时使用的专业术语，它不一定会在法律规定中使用。在各国的法律制度中并没有"法定机构"这一词，该词只是出现在政府的官方文件中。2010 年 2 月 27 日，广东省委、省政府根据中共中央、国务院《关于深化行政管理体制改革的意见》和中央编办印发的《关于事业单位分类试点的意见》出台了《广东省事业单位分类改革的意见》，该意见中明确要求"探索开展法定机构试点"。这是"法定机构"这一名词，第一次出现在我国官方文件当中。

从目前各国的研究以及我国政府相关文件中对法定机构的定义可以看出，法定机构虽然字面上和"法定的机构"具有相似性，但是实质不同，主要体现在：一是从词语结构上看。"法定的机构"是一个偏正短语，"法定的"是一个形容词，是一个范围的表述，所有法律法规设立的机构都可以称为"法定的机构"，它的范围可以包括行政部门、公共组织、社会团体甚至企业等。而"法定机构"是一个名词性短语，"法定"是一个名词性限定词，强调的是机构的性质而不是范围的表述。二是从词源涵义上看。要了解法定机构的范围，还要追本溯源，从我国法定机构的英文来源"Statutory Board"（法定机构）一词说起。"Statutory"的意思是"法定的"，"Board"有董事会、理事会的意思。所以从词源上来看，法定机构应有两个特点：一是必须由法律法规设立，明确了法定机构的设立原因和职权范围；二是董事会的运行机制，法定机构的运行机制是仿效企业的董事会制。法定机构要有法律法规一级的法律明确机构的设立目的、成立方式、职权范围等，而且最好是一机构一立法，在内部管理上，要采用"决策层 + 执行层 + 监督层"的法人治理机制。

（二）法定机构与非政府组织、公共组织的关系

非政府组织指政府和市场之外的社会组织，也被称为公共行政组织、非政府机构和第三部门。在行政法上，这类组织的范围很大，一切不属于政府序列，也不属于市场主体的社会组织，都能称为非政府组织。法定机构是不列入行政机关序列的，也不属于市场主体，所以属于非政府组织中的由法律法规授权承担公共管理或公共服务职能的一类组织。

比非政府组织概念更大的是公共组织。公共组织按照法定程序成立，主要职责是提供公共服务和公共产品，具有公共目的性、社会性、非营利性的特点。法定机构也是依据法定程序成立，也具有公共目的性、社会性和非营利性，属于公共组织的一种类型，但是不列入政府机构序列，具有独立的行政法人地位。

要研究法定机构的特性，需要首先掌握法定机构从属的大类——公共组织具有哪些分类和特点。随着社会的发展，公共组织逐渐细分为公共行政管理组织和中间事务管理组织。公共行政管理组织主要是指行政机关和司法机关；中间事务管理组织主要是指社会团体、非政府组织、事业单位。公共行政管理组织更加强调政治性和行政性，而中间事务管理组织则强调公共性、专业性和服务性。公共组织、非政府组织、法定机构的关系见图2-1。

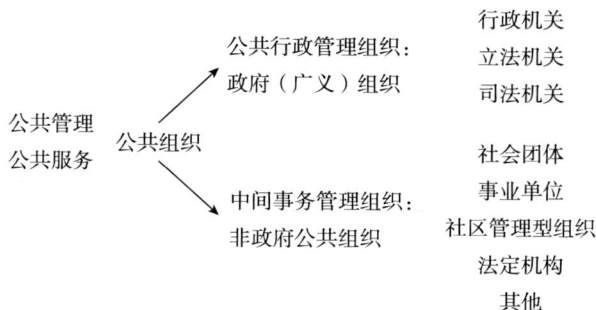

图 2-1　公共组织分类

（三）法定机构与国有企业的关系

国家设立国有企业，让国有企业参与社会竞争，从而合理配置资源，服务民生。国有企业运用企业的管理方式从事经营活动，遵循价值规律，提供高效的商品和服务，减少交易成本。但是，国有企业是企业法人，以营利为目的，占用很多公共资源，如果只为了本企业的利益却忽视了作为国有企业应当承担的社会责任，很容易给国家资源造成损失。法定机构不以营利为目的，其权力源自政府的让渡，受到政府的持续的引导和帮助，虽然同时具有公益性、营利性，但是以公益性为主。法定机构与国有企业的关系见表2-1，法定机构不同于国有企业，法定机构有公共管理职能，这是国有企业所不具备的。

表 2-1　法定机构与国有企业的关系

主体	法定机构	国有企业
权力来源	政府让渡	公司章程
独立性	独立于政府	完全独立
设立依据	法规规章	商业需求
管理	依法	自我

主体	法定机构	国有企业
责任承担	自主	自主
服务与营利	自主提供、非营利	公共使命、营利
组织构成	资合、人合	主要资合

（四）法定机构与事业单位的关系

虽然有很多法定机构在设立时被登记为事业单位，但是法定机构同事业单位在权力来源、独立性、设立依据和管理方式上有很大不同，具体关系见表2-2。如前所述，法定机构是指依法定程序由立法机构专门立法设立的，不列入政府部门序列，采用"决策层＋执行层＋监督层"法人治理方式来进行公共事务管理或提供公共服务的行政法人；事业单位是指国家为了社会公益目的，由国家机关成立或者其他组织利用国有资产成立的组织。

表2-2 法定机构与传统事业单位的关系

主体	法定机构	传统事业单位
权力来源	政府让渡	政府委托
独立性	独立于政府	独立于其他组织
设立依据	法规规章	政府文件
管理	依法	行政

对于事业单位而言，如何实现分类发展，发挥事业单位的优势提高绩效水平，一直是改革的重点。内地29家法定机构中，从事业单位转化设立成法定机构的有11家，分别是佛山市顺德区人才发展服务中心、深圳市房地产评估发展中心、深圳公证处、深圳市住房公积金管理中心、佛山市顺德区城市更新发展中心、合肥高新区的法定机构、天津开发区的法定机构、天津港保税区的法定机构、天津滨海高新区的法定机构、天津东疆保税港区的法定机构、中新天津生态城的法定机构；从事业单位组建设立的有2家，佛山市顺德区文化艺术发展中心、深圳国际仲裁院。可见，除了新设立的16家法定机构，其余13家法定机构都是从事业单位改造转换而来，这种事业单位的改革方式属于法定机构改革。但是，也有很多事业单位，在机构性质上并没有改变，但是在其内部的

运行机制上，却采用了企业管理方式，引入法人治理结构方式，这种事业单位的改革方式被称为事业单位法人治理结构改革。事业单位的这两种改革方式，形式上很相似，都引入企业化管理方式但是本质却完全不同。

法定机构试点改革与事业单位法人治理结构改革，都属于体制机制创新的范畴，二者既相联系又相区别，并行不悖。就联系而言，一是二者的出发点一致，其根本目的都在于转变政府职能，实现政事分开、管办分离，推动社会事业的健康发展；二是二者的主体属性一致，开展法定机构试点工作和推行事业单位法人治理结构试点改革，都是行政主体的机构改革；三是二者在运行机制上部分重合，除承担行政执法等职责不能授权法定机构行使之外，对公益类和服务类的法定机构，可以探索建立采用"决策层＋执行层＋监管层"的运行机制。就区别而言，一是二者分属不同层面的问题，通过设立法定机构，完成行政体制改革，涉及体制问题和机构改革问题，而事业单位法人治理结构试点的改革，主要涉及内部管理方式的转变，在事业单位不改变性质，不转化为法定机构的情况下，也可以采用法人治理结构进行内部管理体制的改革，提高绩效水平；二是二者在是否需要特定的法律法规的支持上不一致，法定机构需要通过设立法定机构的法律法规来细化机构职责和运行机制，而对于一般性的事业单位，不需要通过以上方式来规范其内部的管理运作。

（五）法定机构与行政机关、法律法规授权组织的关系

法定机构不是行政机关，行政机关是依宪法或行政组织法的规定而设置的行使国家行政职能的国家机关。从我国法定机构的实践来看，法定机构的职权往往来自于地方性法规和地方政府规章的授权而非宪法、行政组织法。

从表2-3和图2-2可见，二者的关系主要体现在：首先，法定机构的职权范围包括公共管理和公共服务，是行政法人，而且经费主要来自于财政拨款。可见，法定机构与行政机关存在着天然的联系，行政机关必然会对法定机构施加影响。但是，从另一方面来看，法定机构不属于行政序列，不隶属行政部门，所以行政机关不能对法定机构进行直接控制，法定机构具有自治性和灵活性。行政机关要对法定机构施加影响力，只能间接地通过政策引导和帮助指导来对法定机构进行干预。行政机关和法定机构都是国家行政的一种组织手段，一个是直接行政，另一个是间接行政。法定机构最初产生的目的之一就要将决策和执行分离，行政机关专注于政策制定，法定机构负责提供高效的执行服务。其次，世界上关于法定机构的一个通行做法是，对于法定机构的主要负责人，政府不能随意罢免，法定机构负责人的任职和罢免必须按照法定程序和法定事由，

不受行政机关的干预。最后，法定机构的人事管理不受传统的行政部门人员的管理规则所限，法定机构的人事参照企业化管理，具有灵活性和自主性，能够吸引优秀人才，在薪酬待遇和人员考核上能够面向市场，突破公务员法的限制，提供有竞争力的薪酬。

表 2-3　法定机构与行政机关之间的区别

主体	法定机构	行政机关
权力来源	政府让渡	人民授予
独立性	独立于政府	对人大负责、受人大监督
设立依据	法律法规	宪法、行政组织法
管理	依法	宪法法律
责任承担	自主	自主
服务与营利	自主提供、非营利	公共使命、非营利
类别	不属于政府职能部门序列 （但可以归口政府部门管理）	属于政府职能部门
职能	承担具体的执行性职能	既作出决策，也负责执行
资金来源	可采取政府拨款、补贴、收费等形式	政府拨款
内部组织关系	灵活的企业化管理	科层制

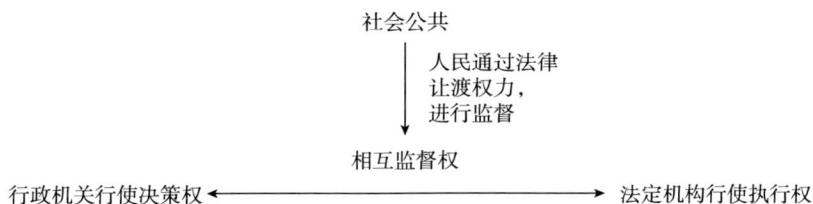

社会公共

人民通过法律
让渡权力，
进行监督

相互监督权

行政机关行使决策权 ◄━━━━━━━━━► 法定机构行使执行权

图 2-2　法定机构与行政机关之间的关系

三、法定机构的法律地位

起初，法人的概念只存在于私法领域，为了明确财产交易责任而设立法人。但是随着经济社会的发展，法人不仅在私法领域的交易中需要，在公法领域的独立行使权力、承担责任的法人也需要被确立。大陆法系将法人分为了公法人和私法人。世界各地学者普遍认为，法定机构属于公法人。公法人的类型十分复杂，因为公法人的设立不是按照一定的计划进行，各类公法人之间的界限也不是非常清楚，对现行各种各样的公法人进行分类不可能做到完全正确，可能出现交叉和重复现象。但是，即便如此，要明确法定机构的法律地位就必须在公法人制度下进行归类分析，综合考量世界各地的做法，通过探讨法定机构与行政主体、公务法人、行政法人制度的关系，能够厘清法定机构在我国行政法中的法律地位。

（一）法定机构与行政主体

对于我国来说，同法定机构一样，行政主体也是舶来品，是一个法学概念。行政主体理论是我国行政法学者学习国外行政法学理论后孕育的，一直以来行政主体的研究焦点在于移植和普适化的问题。[①]法定机构与行政主体密不可分。一般认为，行政主体包括行政机关和法律法规授权的组织。在我国，行政主体主要指一级政府、政府的职能部门、派出机关、派出机构和被法律法规授权的组织，法定机构与它们的关系如下：[②]

首先，法定机构不是一级政府。我国《宪法》第30条规定："中华人民共和国的行政区域划分如下：（一）全国分为省、自治区、直辖市；（二）省、自治区分为自治州、县、自治县、市；（三）县、自治县分为乡、民族乡、镇。直辖市和较大的市分为区、县。"《地方各级人民代表大会和地方各级人民政府组织法》第1条规定："省、自治区、直辖市、自治州、县、自治县、市、市辖区、乡、民族乡、镇设立人民代表大会和人民政府。"按照法律规定，法定机构不属于独立的行政区域，更不在行政机关序列中，不可能是一级政府。

其次，法定机构不是地方政府的职能部门、派出机关、派出机构。地方政府职能部门依地方组织法所设，而法定机构的设立依据是设立法定机构之法，而不是宪法和地方组织法，法定机构不是履行具体职能的部门。而且，法定机构的职能范围包含公共管理和公共服务，具有多样性和综合性，不像政府职能部门只是履行一类专门的行政职务。地方政府的派出机关是指"地方人民政府在一定行政区域内设立的行政机关，行使着一定区域内行政事务的组织与管理权，并能以自己名义作出行政行为和对行为后果承担法律责任"[③]。按照我国法律规定，地方政府派出机关包括行政公署、区公所和街道办事处。可见，法定机

---

① 参见薛刚凌：《我国行政主体理论之检讨——兼论全面研究行政组织法的必要性》，载《政法论坛》1998年第6期。

② 参见胡建淼：《行政法学》，法律出版社2010年版，第129页。

③ 杨解君：《行政法学》，中国方正出版社2004年版，第144页。

构不属于地方政府派出机关。地方政府的派出机构是指根据实际工作需要，政府职能部门针对某项行政职务而设立的工作机构，例如税务所、派出所和工商所。可见，法定机构也不属于地方政府的派出机构。

最后，法定机构属于被法律法规授权的组织。按照相关法律法规规定，法定机构属于被法律法规授权的组织。这一类组织是指依据法律法规的明确授权，代表国家行使行政职权、管理行政事务的非行政机关组织。作为被法律法规授权的组织，法定机构的法律地位体现在：一是在行使行政职务时，同行政机关具有基本相同的法律地位，都是行政法上的行政主体；二是法定机构能够以自己的名义独立承担履行职能时产生的权利、责任和义务，能够独立对外承担法律责任；三是法定机构不履行公务而从事市场上民事主体的活动时，不具有行政主体的地位。法定机构的职权源于法律法规及上级部门的授予，属于被授权组织一类的行政主体。但是，虽然属于其中一类，同其他的法律法规授权的组织相比较，法定机构也有特性：一是拥有灵活性、自治性、绩效性的法律特征；二是法律法规授权的组织是为了执行公务的便利性和合法性，一般涉及行政执法资格和行政被告身份等问题，而法定机构不局限于行政执法或诉讼法上的意义，更具有行政组织法上的意义；三是在法律地位上，法定机构是同行政机关平行的行政主体。

（二）法定机构与公务法人

公务法人是法国行政法中行政主体的一种类型，有广义和狭义之分。按照法国行政法，行政主体是指在行政法上能够履行行政任务，并独立承担其产生的权利、义务和责任的主体。行政主体有两层意义：一是行政主体实施的必须是行政任务，如果实施的不是行政任务，而是例如商业银行等业务，就不属于行政主体；二是行政主体是能够独立承担权利、义务和责任的主体。[1]行政主体属于公法人。行政主体概念是把各种各样的公务人员的公务行为进行整合，由行政主体来承担由于各种公务人员的行为而发生的各种权利、义务和责任，从而保证行政活动的统一性和延续性。正是因为行政主体的整合，使得自然人能够按照规定以行政主体的名义从事行政任务，成为行政主体的机关。[2]根据法国行政法，行政主体包括三类：一是国家，这是最重要的行政主体；二是地方团体，根据法律规定，地方团体对地方性行政任务也具有履行和决定权力，并

---

[1]　参见王名扬:《法国行政法》，北京大学出版社2016年版，第30页。
[2]　参见王名扬:《法国行政法》，北京大学出版社2016年版，第31页。

应承担产生的权利、义务和责任，所以地方团体属于行政主体；三是公务法人，出于对某种行政任务的独立性的考虑，法律将这种行政任务从国家和地方团体的行政任务中分离，成立公务法人来专门承担这种行政职能，同时公务法人也能独自承担由这种行政职能而相应产生的权利、义务和责任。

　　法国设立公务法人的目的是区别地域法人，公务法人的活动限于某种公务，或某几种相关联的公务，是一个专门权限的行政组织。公务法人存在广义和狭义两个概念，广义的公务法人是指一切具有法律人格的公务组织，狭义的公务法人除具有法律上的人格外，还要求不从事经济公务，属于行政公务法人，受行政法的支配。①法定机构显然不属于狭义的公务法人，因为从实践来看大量的法定机构从事经济公务。但是广义上的公务法人范围很大，法定机构属于广义上的公务法人。不过，法定机构除了要求是具有法律人格的公务组织外，最重要的一点，是在运行机制上采用法定机构特有的"决策层＋执行层＋监督层"的法人治理模式，也就是说只有采用"决策层＋执行层＋监督层"法人治理结构的公务法人才能称为法定机构。所以，从公务法人的两层含义和成立意义上看，法定机构属于广义的公务法人，具有执行职责的权力，并负担由此而产生的法律后果。但是从运行机制来看，法定机构强调其独有的法人治理方式，所以同公务法人并不是完全重合的，属于公务法人中的一个类别，相对其他公务法人来说，法定机构的灵活性和自治性，以及参与市场化机制的特性更加明显。

（三）法定机构与行政法人

　　行政法人是日本行政法和我国台湾地区行政法中的概念，它是大陆法系公法人制度同英美法系的新公共管理理论的法技术融合的产物。日本行政法借鉴了英国的执行机构和德国的公法人制度，创造了行政法人。从行政法人所承担的事业性质上看，行政法人具有公共性，具有行政主体资格。从行政法人的组织形态的运行机制上看，行政法人具有企业性，具有独立法人资格。日本将行政机关改革为行政法人，以企业绩效、灵活、弹性的组织方式，同公法人制度相结合，创造出独立于行政机关、企业之外的，执行公共任务或提供公共服务的第三种行政组织方式。日本的《独立行政法人通则法》将行政法人定义为"从国民生活及社会经济安定等公共性的特点，有确实实施必要之事务、事业，且国家没有以主体地位直接实施之必要，但委托民间实施又恐有未能实施之虞，或有由一独占主体实施之必要者，政府得创设使其具备适于有效及效率实施之

---

　　① 参见王名扬：《法国行政法》，北京大学出版社 2016 年版，第 100~101 页。

自律性及透明性之法人制度"①。就在同一时期，我国台湾地区也创设了行政法人，并出台了"行政法人法"草案，草案中明确行政法人属于公法人，其组织架构仿照"民法"的规定，设有理事会（董事会）和监事会（监督机关）。根据"行政法人法"草案的规定，行政法人是不属于行政机关的，采用企业化的管理方式，执行公共任务或提供公共服务的新型行政组织方式。从日本和我国台湾地区有关行政法人的规定中可发现行政法人的实质是国家机关法人化，将行政法人制度作为精简行政和绩效提高的重要手段，通过授予行政法人独立的公法人资格，从而松绑原有的人事、财务等制度限制。新的行政法人以立法的方式重新制定以绩效为导向的新的人事、会计、考核制度，摆脱行政机关的高密度监督，增强组织机构的自治性和灵活性，从而全面提高公共管理和公共服务的效率效果。行政法人是行政法的行政主体理论与民法的法人制度的结合，是法技术运用的产物。法人不应是局限于民事权利主体的概念。② 日本和我国台湾地区将法定机构定位为具有公法性质的行政法人，回避了传统公法人类型的复杂性和难辨性，是现实主义的折中选择。行政法人将企业管理、绩效考核、弹性工资等私法特征引入到公法人的组织形态中，赋予公法人新的活力和创新。

可见，法定机构和行政法人一个是法学概念，一个是法律概念，是同一事物的不同体现形式。从世界各地的实践来看，理论界对于法定机构的组织形态的命名颇多，诸如"行政事务公法人""独立机构""法定机构""公务法人""独立行政法人"等，这些命名均立足于各地经济、社会以及法律制度特点的基础上，结合实际将法定机构这一"法学概念"转变为"法律概念"。它们的实质相同，都符合法定机构的五大判定标准、五大法律特征和三大法律属性，所以可以忽略名的不同，从实出发，方便世界范围内的比较研究，将这一类机构统一称为法定机构。

（四）法定机构在我国行政法中的法律地位

法定机构在我国行政法中的法律地位，主要是指法定机构在我国行政组织中的关系，明确法定机构的法律地位，是法定机构登记、享受权利、承担责任和履行义务的前提，也是明确法定机构的概念必须要回答的问题。本书认为可以从以下三个角度来思考我国法定机构的法律地位：一是将法定机构作为我国

---

① 蔡秀卿：《日本独立行政法人制度》，载《月旦法学杂志》第 84 期。
② 参见熊文钊：《法人·公法人与行政法人——关于行政法主体理论的阐发》，载《苏州大学学报》2001 年第 21 期。

行政组织法中的一个类型，定位为法定机构；二是从法定机构的性质出发，结合民法典对法人的分类和我国行政主体理论，定位为行政法人。本书比较赞同第二种定位方法，因为目前在我国行政法和行政组织法中并没有法定机构一词，当然我们并不排除，随着中国特色社会主义法治的发展，也许有一天"法定机构"会明确写入行政法中，但是目前来看，法定机构还是一个法学概念，没有成为法律概念。从现有行政组织法中定位法定机构，没有突出法定机构作为一个新型组织的特性和特点，直接将其归类为公共管理机构或公共服务机构的大类别中，更无法体现法定机构自身的优势和特性，在未来的法律登记、法律责任的划分、法律救济中容易混淆，给实际操作造成麻烦。

所以，关于法定机构的法律地位，我们可以借鉴日本和我国台湾地区的行政法人制度的做法，未来如果有条件也创设出一种符合我国国情的行政法人制度，从国家层面出台一部专门的行政法人法，统一对法定机构的设立方式、基本制度等原则性规定予以明确。单独立法存在困难的话，也可以折中，先在行政法中设立并明确行政法人的基本问题，然后在后续设立法定机构时，再由各地结合具体情况，依照行政法中有关行政法人的一般要求，出台制定单个法定机构之法，作为新设立法定机构的设立之法、活动准则和工作章程。从我国目前法定机构的实践来看，我国的行政法人的定义为从国民生活及社会经济安定等公益性出发，满足专业需求或能够强化成本效益及经营绩效，在政府没有以主体地位实施推动的必要但也不宜交由民营部门办理的领域内创设的，兼具公共性和企业性的行政组织机构。

四、法定机构的概念界定

综合法定机构的产生、发展以及法定机构在我国的实践情况，以及现有对法定机构定义的观点，本书认为我国的法定机构是指立法机构通过专门立法或授权设立的，相对自主、独立运作，承担法律赋予的公共事务管理或公共服务职能的行政法人，它是探索国家治理体系现代化、推动政府职能转变、深化事业单位改革、优化公共服务的重要尝试，已逐步成为我国自贸区、开发区改革的重要参照模式。

关于法定机构的定义，需重点关注以下四个内容：

一是概念中要求了法定机构的法定性。法定机构必须"依法设立"，这是现有全部定义的共识，也得到学术界和实务界的认可。但是，对于依法设立中的"法"究竟是何层级和何种类型，还没有统一意见。一些对法定机构的定义也回避了这一问题。现有涉及法定机构的设立之法的问题主要集中在是"法律、法规、规章"还是"规范性文件"的冲突上。例如,"法定机构是根据特定的法律、法规或者规章设立"还是"依据区人大常委会审议通过的规范性文件设立"。两种不同表述体现了理论和实践之间的冲突。学术界基本同意是由立法机关通过特定的法律、法规或规章设立的,强调必须要有立法机关的立法权,而且是法律、法规级的特定法律。但是,在实务中,由于很多地方、地区没有立法权,为了设立法定机构,将法定机构之法定义在规范性文件的层级。理论界当然希望法定机构的法要层级高,这样法定机构才能更具有权威性和说服力,法定机构从事公共管理或公共服务的职能才更具有可信度。但是,实务中,出于立法成本和实际操作之间的考虑,选用层级较低的规范性文件,更具有可操作性,所以有的文件中将法定机构的设立依据规定在规范性文件的层级。综合理论界的高标准和实践中的可行性,本书认为采用"立法机构通过专门立法设立或授权设立的"的表述,比较符合现实情况。

二是概念中体现了设立法定机构的基本条件。条件一:法定机构所从事的公务范围只能是那些不必由政府直接管理的,但是全部交由民营部门又难以保证其公共目的性的事业。这点正好将法定机构改革同我国事业单位的分类改革衔接上,对于第一类承担行政职能的事业单位逐步转化为行政部门;对于第二类承担生产经营活动的事业单位逐步转化为企业;对于第三类从事公益服务类的事业单位,在不给经济发展和社会安定造成负面影响的前提下,可以考虑逐步转化为法定机构。条件二:从组织设立的合法性和合理性来看,法定机构需要从事领域为有特点的管理或服务的业务领域。法定机构所从事的特定业务领域,以具有专业性、服务性、灵活性、绩效性需求为特征,所以才需要采用法定机构特有的法人治理机制,提高组织机构的专业性和绩效性。

三是概念中确定了法定机构的职权。关于法定机构的职能,综合下来主要有:承担公共事务管理职能或公共服务职能,经授权代表政府在法定职责范围内开展经贸活动。本书认为法定机构的职能有广义职能和狭义职能。广义职能,是指法定机构可以承担的职能。法定机构的广义职能包括公共管理、公共服务。狭义职能,是指单个法定机构所具体承担的某种或多种职能,是写在设立法定机构的个别法律规定中的。

四是概念中体现出法定机构的范围。法定机构的范围是一个因变量,自变量是各国国情,所以不同国家法定机构的范围也是不同的。按照现有政府文件规定,我国进行法定机构试点的范围目前主要是自贸区、开发区的管委会,事业单位分类中的第三类公益性事业单位。法定机构的范围是变化的,随着国家政策变化,法定机构的领域也会扩张或收缩,但是也有规律可循,在调研中发现，判定我国的法定机构有三大标准：一是从事的职权主要是公共管理或者公共服务；二是采用法定机构特有的法人治理机制——"决策层＋执行层＋监督层"的多方参与治理机制；三是法定机构的主要负责人可以保留行政级别，属于公务员，但是其他人员一般不具有编制，不属于公务员；四是政府按年度对法定机构进行绩效考评，考评结果作为第二年职责范围、绩效工资、财政拨款的重要依据。

综上，法定机构是指依法定程序由立法机构专门立法或授权设立的，不列入政府部门序列，采用"决策层＋执行层＋监督层"法人治理方式来进行公共事务管理或提供公共服务的行政法人。法定机构定义图见图2-3。

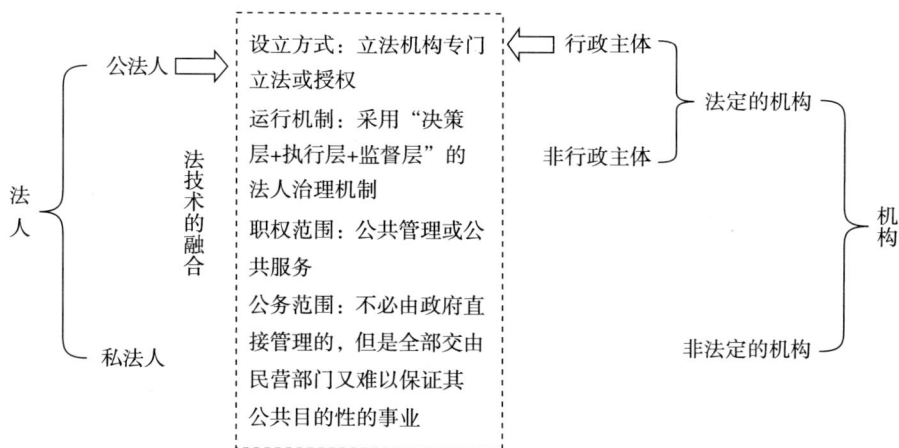

图 2-3　法定机构的定义

第二节　法定机构的一般特征、法律特征和法律属性

法定机构的一般特征、法律特征和法律属性，是法定机构理论建构中的关键问题，三者既有联系，又有区别，主要关系见图2-4。一般特征、法律特征和法律属性三者之间的区别主要体现在认识程度和分析角度：从认识程度和深度上看，法律特征比一般特征的程度和深度都更深一些；从分析角度上看，一般特征和法律特征都强调法定机构区别于其他机构的独特之处，只不过一般特

征强调法定机构外在表现形式的独特，而法律特征强调法定机构在法律定位、法律性质等方面的内在本质，法律属性则是从法定机构的分类和从属来分析问题的。

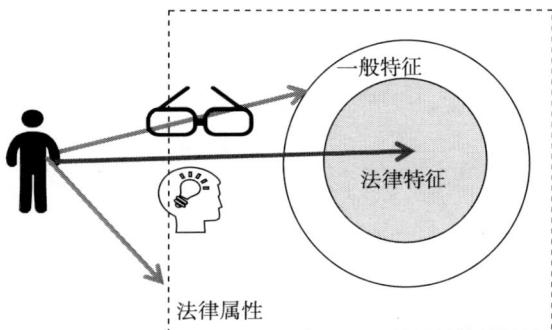

图 2-4　法定机构的一般特征、法律特征和法律属性的关系

　　本书从八个维度，即设立依据、机构性质、职能设定、组织架构、人事关系、经费来源、运作管理、运营监管来总结归纳出法定机构的一般特征和法律特征。但是，属性不同于特征，法定机构的法律属性是从法律意义上，总结法定机构所共有的性质和特点。从某种意义上来说，法定机构的一般特征是具体的、可见的第一手资料，而法定机构的法律属性和法律特征是抽象的，必须经过第二次归纳、分析才能总结得出。而且，法定机构的法律属性相对特征来说更加复杂，这也是本章需重点讨论的。法定机构的一般特征主要包括以专门的法规条文作为设立依据，不列入行政机构序列，多承担执行、技术支撑等功能，经费来源形式多样，采用企业化的管理模式和多方位监管等；法律特征包括法定性、灵活性、公共目的性、自治性、绩效性；法律属性包括兼具公法和私法的属性、大陆法系和英美法系结合、政策与法律技术结合，这些在后面将逐一论述。

一、法定机构的一般特征

　　法定机构的一般特征，是指法定机构区别于其他机构，所具有的独特的地方，是显性特征，能够从法定机构的机构设置、工资待遇、经费来源、运转流程上看出来，强调法定机构的外在形式。法定机构作为专门的政策职能和政策执行机构，最早来源于西方国家，是推动公共服务组织分散化、提高公共管理人员激励、提高政府运行效率、解决政府机构臃肿等问题的产物。经过近百年的理论演进和各先进国家、地区的实践推动，法定机构模式日渐成熟完善，成为高效行政的解决之道。法定机构的概念在我国内地兴起时间还不久，最早出现该词的官方文件是 2010 年 2 月 27 日广东省委、省政府出台的《广东省事业单位分类改革的意见》。自此法定机构成为我国机构改革的一个重要方向，进入大众视野。探究法定机构的特点，必须将其与我国现有机构组织进行区分，探讨其外部法律关系。

表 2-4　法定机构的一般特征

维度	一般特征
设立依据	"一法一机构"，机构具有突出的法定原则，其具体职能、运行机制、管理方式等都专门规定在设立法定机构之法中
机构性质	法定机构是行政法人，属于法律法规授权的组织，但是不属于行政机构序列
职能设定	法定机构多承担执行、技术支撑等功能。一般来讲，法定机构被授予的行政职能为规范性、程序性的监管和服务等职能
组织架构	"决策层＋管理层＋监督层"的法人治理机制
人事关系	内部员工不是公务员，而是合同聘任
经费来源	根据法定机构不同的职能确定经费来源方式，有三种方式：全额财政拨款，部分财政拨款，自筹经费。目前，为了保证法定机构的运行，在法定机构设立的早期阶段，大都先采用财政拨款的方式
运作管理	法定机构通常采用企业化的管理模式
运营监管	按照法定机构的法人治理结构，在法定机构的内部设有监管会，专门负责监管。对外受到相关政府部门、司法部门、监察部门的监督，以及来自社会各界的广泛监督

综上，法定机构有如下一般特征：一是依专门法设立，具有突出的法定原则，而且设立法定机构之法都是为该法定机构量身定做的，大都采用"一机构一立法"的方式（日本的独立行政法人除外）。二是具有半官方性质。法定机构在经费和政策上与主管行政机关有着密切联系，但是并不属于行政序列，依法按照政府委托的事项开展工作。三是运行机制上采用"决策层＋执行层＋监督层"的法人治理机制。一般由理事会担任决策层，理事会的成员来源广泛，有政府部门代表，有法定机构代表，也有来自社会各界的代表。由管理局作为执行层，法定机构的各个部门按照理事会的决策，履行职责。四是人员构成多样化。理事会中的成员身份多样，既有政府人员，也有法定机构内部的聘用人员，还有来自社会各界的代表。五是经费来源多元。法定机构的经费来源可以是财政拨款、政府购买服务、市场的合理收入等。

二、法定机构的法律特征

法定机构的法律特征，强调法定机构的内在本质，法律特征无法通过人的"肉眼"直观看出来，必须经过人脑的加工处理才能分析出来，反映事物的内在本质，是法定机构性质的法律体现。

（一）法定机构的法定性

法定性是法定机构存在的基础。同中国香港特别行政区的法定机构做法一样，我国内地目前试点的 29 家法定机构也全部采用"一机构一立法"的设立方式。法定性是法定机构的基石，通过法律形式固定对机构各方面的要求也是这一组织形式的设立理念。法定机构不同于政府机关，法定机构是根据专门的法律法规成立的组织，每个法定机构都有一部专门的立法，此法对法定机构从设立到运行的权责、财务、人事、监督和消灭等基本内容予以规定。在我国，法定机构都根据个别立法而成立并受该项立法的监管，在成立后即应根据该法律的"特殊授权"开展工作。充分理解法定机构的法律属性，需要从立法层级、立法方式、立法内容三个方面把握。

1. 立法层级

狭义的法定机构立法层级仅指全国人民代表大会及其常务委员会制定的法律，国务院制定的行政法规，地方国家权力机关制定的地方性法规，民族自治地方人民代表大会制定的自治条例和单行条例，以及国务院部门规章和地方政府规章。广义的法定机构立法层级除包括以上狭义的立法层级外，还应包括规范性文件。

法定性是法定机构最根本的法律特征，特别是承担公共管理职能的法定机构，其法定性更为突显。因为涉及公权力的行使，法定机构设立和授权理论上应该是狭义的立法层级，但是实践中，很多地区不具有立法的条件，出于应用主义的折中考虑，选择通过规范性文件设立了法定机构，29 家法定机构中就有 16 家是采用了这种折中的方式。从短期来看，把法定机构的立法层级从广义上来理解，能够刺激地方开展法定机构改革的热情，降低法定机构的改革难度和立法成本，推动法定机构的迅速发展。但是从长远来看，容易造成各地随意设立法定机构的混乱，也容易催生利用法定机构滥用公权力的滋芽。

法定机构的改革是世界潮流，在我国内地势在必行，但是立法层级的规范化和统一性是摆在设立法定机构前的重要问题，解决这个问题有两种方式：第一种是借鉴日本的《独立行政法人通则法》和我国台湾地区的"行政法人法"草案的做法，制定一部法律对法定机构进行统一授权，允许各地在不违背本法的前提下，设立法定机构，并对法定机构的具体操作内容作出符合此项法定机构的具体规定。此种做法能够比较彻底地解决问题，但是难度也很大，需要相关法律制度的配套。未来如果能够开启行政法法典的编纂，在总则部分写入行政法人，然后在分则部分再单独作行政法人的原则性规定，或许能够实现。第二种是在法定性和应用性之间进行折中选择。默认可以通过规范性文件设立法定机构，但是制定此规范性文件必须要经过上级有立法权的立法机关的授权，并向其备案。目前，此种做法已经有初步探索。2019 年 7 月 25 日，上海市人大常委会通过了上海市人民代表大会常务委员会《关于促进和保障浦东新区改革开放再出发实现新时代高质量发展的决定》（以下简称《决定》）。《决定》对浦东新区人大常委会立法进行授权，浦东新区人大常委会、浦东新区人民政府在不违反法律法规的前提下，可以聚焦深化改革、扩大开放、创新发展、产业升级和城市功能等重点领域，作出相关决定、决议或者制定相关规范性文件在浦东新区先行先试，并报市人大常委会备案。按照这个《决定》，虽然上海市陆家嘴金融城发展局的设立之法是由浦东新区人大常委会通过的浦东新区人民代表大会常务委员会《关于促进和保障陆家嘴金融城体制改革的决定》（以下简称《陆家嘴金融城的决定》），属于规范性文件，但是可根据《决定》将《陆家嘴金融城的决定》报上海市人大常委会备案，从而提高上海陆家嘴金融城发展局的法定性。

2. 立法方式

法定机构的本质是行政法人，属于公法人。最早在著作中提出法人的明确概念的是德国法学家胡果，他在 1789 年的著作《自然法》中第一次提出法人一词，并给其下定义。随后，学者萨维尼进一步指出，法人概念指向财产，法人的财产能力是法人的本质属性。可见，关于法人制度，最早出现和服务于私法领域。但是随着经济社会的发展，学者和实务工作者越来越发现法人制度在公法领域的重要价值。正如耶林所说，目的是法律的根本创造者。不同于私法领域的法人制度指向财产关系，公法领域的法人制度指向目的是分权和自治。涉及公权力的分权和自治，必须有法律进行规范。

因此，法定机构必须"依法设立"。关于"依法设立"的方式，实践中有三种做法：一是一机构一立法，即一部法律法规成立一个专门的法定机构，例如新加坡和中国香港特别行政区的法定机构。二是制定一部法律法规规定所用法定机构的成立条件，只要满足了这个条件，经登记后即取得法定机构资格，这里的这部法律法规，从功能意义上看，跟私法人上的民法相似，即主要满足民法设定的企业成立的条件，登记后即获得企业资格，例如英国的执行机构。三是折中方案，在同一个地区针对功能相似的同一类法定机构，为了节约司法成本，可以由一部法律法规来统一设立，其他的具有特殊性的应该"一机构一立法"。对于法定机构的设立步骤，本书建议分两步：在法定机构的试点初期可以采用第一种做法，按照"成熟一个，设立一个；需要一个，发展一个"的原则来探索建立法定机构。从目前设立的法定机构从事的公共服务和公共管理范围上看，主要涉及经济、文化、社会生活的不同领域，地区也不同，对于法定机构的成立条件不可能归纳出一条放之四海而皆准的标准，所以由一部法律法规规定几个法定机构的成立，是不现实，也是不可行的。而"一机构一立法"能避免法定机构被滥用，这种方法能够明确法定机构的设立、职责、财务、监管等具体事项，具体问题具体规定，有利于我们谨慎地用好法定机构这项制度，发挥其功效，达到预期目标。等积累一定的法定机构的实践经验后，进入法定机构的稳步发展阶段，这时候应该借鉴日本的《独立行政法人通则法》和我国台湾地区"行政法人法"草案的做法，由一部法律法规来统一规定法定机构的基本原则，其他具有特殊性的按照"一机构一立法"来具体规定。

3. 立法内容

法定机构的法定性不仅体现在其成立的法定原则上，也体现在其立法、职权和存在的目的上。2003 年，我国香港特别行政区民政事务局对法定机构的职能进行了明确定位，基本原则就是除非成立法定机构是执行有关职能的最合适和最节约的办法，否则不成立法定机构。2011 年，我国台湾地区"行政法人法"草案中对法定机构职能定位也规定，行政法人的立法目的在于政府组织之松绑以达效能之追求。可见，政府对法定机构的期望是能够提供高效优质的公共管理和公共服务，并不期望法定机构赢利。成立法定机构的目的，就是缓解政府压力，提高行政效率，促进社会发展。法定机构的立法内容，也应着眼于法定机构职权的法定性，即政府要把应该做但又不方便做，交给市场做往往又做不好甚至做不来的工作，交给法定机构来做。

（二）法定机构的灵活性

这是法定机构产生的直接原因，是法定机构最显著的特征。在德国、法国等大陆法系国家，为了适应新的行政活动对专业性和技术性的要求，在传统行政机关之外创设新的法人，这类法人以履行行政任务为目的，属于行政主体，能够承担职务的权利、责任和义务，是国家间接行政的一种方式。法定机构的灵活性体现在半政府半企业的运行方式上，目的是招引全球人才，更好地适应市场变化，运行基础是公法人的制度设计。

1. 半政府半企业的灵活性，打破了官僚制

作为一种间接行政的有效手段，法定机构是各种制度的融合，但是与各种制度又有区别：与行政机关的区别，体现在其企业化的法人治理方式；同企业的区别，体现在其不以营利为目的的公益性上。法定机构的灵活性管理方式强调人格独立、行为自主，从而达到去行政化和行政分权的目的，通过自主与灵活来实现行政的自治和绩效。法定机构属于公法人中的行政法人。公法人同行政机关有本质上的区别，公法人拥有独立的意志和自主的行为，是独立的行政主体；而行政机关仅是落实执行国家意志的机构，以国家意志为核心，从这一点上说，法定机构比行政机关的独立性更强，这就是去行政化的本质所在。

2. 用人方式的灵活性，便于全球招引人才

以采用法定机构最多的自贸区为例，在传统体制下，自贸区隶属上级政府，预算、用人受限于编制。但是采用法定机构的方式后，自贸区管理局的雇员薪酬常高于普通公务员，且人员招聘上也适合不拘一格招引海内外人才。以深圳前海管理局为例，管理局与其工作人员签订聘用合同，规定任期、明确岗位、以岗定薪、调节绩效。在实地调研中发现，法定机构的工资待遇普遍比同等职位的公务员要高。前海和南沙产业园成立法定机构后，也顺利解决了港澳人才的聘用问题，通过有竞争力的薪酬留住了多元化的专业人才。至于原有人员的转移衔接问题，深圳前海管理局成立伊始，40%的工作人员来自于政府部门，一年过渡期后，可选择回原机关单位，也可以选择留下，并办理公务员出编手续。可以看到，法定机构的灵活性可以应对很多问题，但是也需要注意"南橘北枳"的适应性问题，如人事管理"双轨制"、绩效评估困难、权责划分不清、行政生态环境等，本书会在后续章节重点论述这一问题。

3. 公法人的灵活性，介于在市场与科层之间

将法人分为公法人与私法人一直是大陆法系法人理论的传统，这一分类起源于德国民法典。公法人制度是一种行政组织方式，随着公法体系的发展，公法人参与行政改革已经成为行政改革的标配，公法人制度在各国也逐渐上升为一种法律制度。在大陆法系国家，公私法有了最早的分类，公法人是相对于私法人而言的，所以公法人的特点也要考虑公私法的区别。这两者的主要区别就是规范基础，即通过国家公权力，采用法律法规的方式确立公法人的身份地位，通过意思自治，自发地形成了私法人。可见，结合法定机构的存在基础法定性，法定机构属于公法人无疑。

法定机构属于公法人，以法人独立性来规避科层制的僵化与机械，是法人制度的目的，又以其公共属性补足组织的自由属性，使公法人成为科层制机关

与私法人之间的一种组织形态。法定机构作为公法人的一种组织形态，体现了其职务领域和作用任务的中间性。可以说，法定机构的灵活性根基来自于公法人存在的价值，是国家由直接行政走向直接行政、间接行政两种方式并存的必然选择。新公共管理运动给传统行政管理带来了一次重大变革，要求重新思考定位政府、市场、社会三者之间的关系。将三者之间的职能进行分工和专业化，由政府一方主要负责政策的制定和出台，起决策作用；由社会和市场负责公共服务的提供和经济职能的推进。这种分工模式，让由国家直接行政的方式逐渐转变为国家直接行政和国家间接行政并行不悖、互为补充，共同推进整个国家的经济社会发展。

综上，法定机构属于公法人中的行政法人，打破了政府、企业的二元化，成立一种介于两者之间的组织，使政府在执行公务上更加具有灵活性和绩效性，也使企业化的管理方式服务于公共事务，是国家间接行政的组织方式。

（三）法定机构的公共目的性

公共目的性是从法定机构的职能职权考虑的。传统管理理论认为，政府是承担公共事务的唯一主体。然而，随着社会发展，这种理论早已过时，现代治理理论认为，社会组织等也能成为履行公共职务的主体，这是法定机构存在的意义。

1.法定机构的公共目的性来自于法定机构的产生背景

法定机构产生的契机是"小政府大社会"的推动，政府要把"应该做"（如公共服务）但又"不方便做"（如政府服务不能够收费）、交给市场做又往往做不好甚至做不来的工作，交给法定机构来做，这是法定机构存在的意义和价值。

2.法定机构的公共目的性来自于公法人制度的要求

法定机构是基于国家意志，依据法律法律授权设立，具有权利、责任、义务，且拥有独立法人格的行政主体。法定机构在法律法规授权范围和机构的设立目的范围内，针对其所服务的公共目的，依其专业的、技术的判断而享有管理与活动的自由空间。可以说，法定机构是国家出于履行公共任务的需要而设立的行政主体。特定的公共目的是法定机构建立的基础，目的的达成与否也是决定法定机构是否存续的唯一目标。法定机构的公共性来源于公法人制度的基础，法定机构属于公法人，它的公共性与公法人是完全相同的。公法人的公共目的决定了在国家、地方性团体之外，建立一个具有法律独立人格的行政法人，属于重要的组织事项，应符合民主原则或法治国原则。

3.法定机构的公共目的性决定了法定机构应当受到法律的特别规制

公法人必须基于国家意志而成立，法定机构作为公法人中的一类，也只能基于国家意志而成立，同时，出于保障公共服务连续性和稳定性的目的，非经法律规定和法定程序，法定机构不得任意增加职权，更不能随意终止。此外，这种公共目的性也决定了法定机构应当受到法律的特别规制。因此，公共目的不仅是公法人制度建构的关键，也决定了法定机构的设立与延续，决定着法定机构的职权范围、法律地位和运行机制。

4.法定机构的公共目的性的核心是公共利益

如前所属，法定机构的主要职能是公共管理和公共服务。就实质意义而言，公共管理和公共服务是指政府为满足公共利益的需要所实施的行为。公共利益便是公共管理和公共服务的核心。但在现代社会中，公共利益又非公务活动所专有。如何考察公共利益与法定机构职责的关系，成为界定法定机构职能的关键。在理论与实践中，行政主体认为必须从事某种活动，才能使公共利益得到满足或充分满足，这种活动就是公共管理或公共服务。

（四）法定机构的自治性

自治性，这是法定机构成败的关键。法定机构属于行政法人，其法人人格制度的功能主要强调人格独立、行为自主，从而实现去行政化。

1.自治性是相对于行政机关而言的

自治性是法定机构的灵魂所在。法定机构不属于行政机关序列，具有半政府半企业的性质，按照设立法定机构之法的规定开展工作，本质上是机关法人化，由立法机关按照法定程序设立，赋予其在人事管理方面的灵活性和自主权，能够承担公共管理和公共服务职能。法定机构能够在特定的框架下以自己的方式承担职能，更加高效和便捷。但是，也要看到法定机构的自治性和公共目的性之间存在辩证统一的关系。法定机构的自治性和公共性之间存在天生的矛盾，需要进行合理的制度设计来实现两者之间的平衡。行政机关对法定机构的指导和帮助要适度，不能触碰法定机构灵活性、自治性的底线。政府部门通过购买法定机构提供服务的方式，来给予法定机构财政支持。政府部门对法定机构的控制可以采用合同的方式，在合同中约束法定机构提供高质量的公共服务。

2.法定机构的人格化是法定机构自治性的实质

公法人是国家治理的组织手段，其功能的发挥体现在两个层面：一是以公法人的行使实现行政分权下的自治；二是以法人治理方式规避科层制的缺陷。按照公法人的历史延续与制度发展，第一层体现了公法人制度的传统功能，第二层是公法人制度功能的拓展与延伸。而法定机构的法律属性是大陆法系公法人制度和英美法系新公共管理运动的结合，正体现了第二层意思——公法人制度功能的延伸和发展，即以法人化的方式应对科层制的弊端，是法定机构成立的直接目的，而且作为公法人的类型，法定机构承担了公法人制度的传统功能，即自治功能。

3. 自治体现了法定机构自身的权利能力

关于自治，法实证主义的代表 Laband 认为，自治采用一个公法主体来行使行政职能，这个主体是介于国家与个人之间的组织。也就是说，由国家按照法律法规将公权力委托给一个行政主体来行使，并认为这种委托是对国家任务执行的一种自我限制。Hans J.Wolff 在《行政法教科书》一书中将法律上的自治定义为国家之下的主体或其他行政主体，能够按照自己的名义，独立且不受干预地履行从国家本身分配或转移出去的公共职能。[1]综上，根据目前学术界对自治的定义，本文认为法定机构的自治性体现在两个方面：一是法定机构是公法组织；二是法定机构具有自身的权利能力和行为能力。

（五）法定机构的绩效性

绩效性，这是法定机构设立的最终目的。对于法定机构而言，服务的公共性与结果的绩效性两者必须统一，法定机构的设立目的就是提高绩效。

如前所述，法定机构的雏形来源于英美。英国的执行机构（又称为政署）将职责划分为决策和执行两类，由执行机构专门负责政务的执行。英国的执行机构要求执行长制定 3~5 年的经营计划，而且根据年度完成情况，对执行长进行考核。在执行机构的人事管理方面，取消永业保障，实行绩效薪金制度。另外，日本将法定机构的绩效目的直接写入《日本中央省厅改革基本法》，其中第 36 条规定："政府得创设使其具备适合于有效及效率实施之自律性、自发性及透明的法人。" 1997 年，日本《行政改革会议最终报告》明确提出为达到行政机能的精简化、效率化的目的，设立独立行政法人制度予以支持。[2]可见，绩效是日本的法定机构——独立行政法人制度的目标之一。

对于法定机构而言，内部的运行机制体现为组织构成，而外部的功能性治理核心内容在于法律规制。在功能主义的分析框架下，实行法定机构法律规制的基点是保障法定机构组织目的的实现，如前所述法定机构的功能目的就是提高绩效。绩效的提高也是我国历次行政体制改革的主要目标。在扩大自主权的

---

[1]　Woff, Bachof, Verwaltungsrecht, 4.Aufl., 1976, p.84, 34.

[2]　参见李昕：《作为组织手段的公法人制度研究》，中国政法大学出版社 2009 年版，第 230 页。

同时，为确保法定机构的行为不偏离政府目标，需全面强化法定机构的绩效平衡，并规定有关评价结果要向社会公开，作为下一步对法定机构进行扶持或调整的依据。在我国，解决事业单位政事分离、政企分离问题，在法律制度上可以借鉴法定机构的治理模式，实践中很多开发区、自贸区已经在试点，改变传统的行政事业一体化的组织体制，以绩效改革为要求，运用法人治理机制，提高公共管理、公共服务的水平。法定机构目的在于将企业化的管理方式引入公共事务执行中，打破原有不合适的运作模式，通过管理体制的变化，给组织换上新装。

（六）小结

综上，法定机构的法律特征有五点，分别是法定性、灵活性、公共目的性、自治性和绩效性。其中，法定性是法定机构存在的基础，是最根本的特征；灵活性是法定机构产生的直接原因，是最显著的特征；公共目的性是法定机构隶属于公法人的制度特征，体现了其职权的特征；自治性是法定机构作为法人的人格化特征，是最个性的特征；绩效性是法定机构的最终目的，是评判法定机构成败的关键。可见，这五个法律特征分别从不同层面展现了法定机构的特性，这五个法律特征之间是相互联系、相互依存的关系，缺一不可。但是体现的时间段、地位和重要性有一定的差别，其中法定性是法定机构的权利能力和行为能力的来源，是法定机构的基础和关键，是设立法定机构前需首要解决和考虑的问题；公共目的性，是在法定性的基础上，在法定机构成立依据的规定中明确法定机构具体承担哪些职能时需考虑的问题；灵活性和自治性，是法定机构在具体从事公共管理或公共服务的职能时需要体现的同传统行政机构所区别的工作特点和运转方式；绩效性，是评判法定机构成败的关键，也是法定机构后期是否还有存在必要的最重要的判断标准。

三、法定机构的法律属性

属性即事物本身所固有的性质，法律属性即为法律自身所固有的性质。法定机构的法律属性是指法定机构所从属的法律类别和法律体系。法定机构的法律属性，不同于特征，属性强调归类和范围，法律属性就是要回答法定机构属于哪种法律体系、哪种法律分类。

（一）法定机构兼具公法和私法的双重属性

法定机构作为半政府半企业的组织，具有市场和社会的双重特征，也具有公法和私法的双重属性。法定机构的公法属性有三层含义：一是法定机构从事公共事务管理和提供公共服务，职权上具有公共属性；二是法定机构要依据立法机关通过的法律规范来执行任务、开展活动，设立上具有公权来源；三是法定机构与政府部门有天然关系，政府部门通过一定方式对法定机构开展指导和帮助。法定机构具有半政府属性，在公共事务中从事着半行政机关的活动。法定机构的私法属性也有三层含义：一是法定机构与其内部职工形成契约关系，通过合同来约束和管理内部员工；二是法定机构通过同政府之间订立服务合同，收取政府给予的服务费用，这种从单方行政命令到合同双方意思自治的治理模式的转变，体现了意思自治原则，赋予法定机构灵活性和自治性；三是法定机构从事的活动领域具有开放性，可以突破传统行政部门的束缚，开展市场化的服务，从事市场活动，满足市场需求，这样既能满足人们日益增长的对公共服务多样化的需求，也能缓解政府的财政和施政压力。

因此，法定机构兼具公法和私法的属性，法定机构要实现两种利益之间的平衡，达到帕累托最优的效果，实现双方利益最大化。在公法和私法协同发展的关系上，可以说，法定机构起到了桥梁作用，既查缺补漏弥补了双方之间的空白领域，又承担了社会责任，更好地维护公共利益。

（二）法定机构是大陆法系与英美法系的结合

法定机构是法人制度与行政主体理论的有机结合，是国家对公共事务开展组织和融合的法技术工具，其实质就是国家机关法人化，属于公法人当中的行政法人。无论是基于自治抑或出于绩效的考虑，法定机构作为一种组织手段，其核心在于以相称的行政组织形态回应民主化、经贸自由化、现代专业分殊化等时代发展的需求。正如奥里乌所言，法人制度最早产生于私法中，但是随着国家行政的发展，在国家执行公务并承担经济职能逐步成为现代行政的基本方向时，公法人也逐渐被重视。①20世纪80年代，我国行政体制改革的重点是政企分离，发挥市场的作用，让企业成为真正的市场主体，保证企业独立的法律地位，实现自主经营、自负盈亏。所以体制改革最早的是经济领域，当时主要在民事领域来讨论法人制度，没有关注到法人制度在公法人中的价值。在民事领域，法人的价值在于明确财产交易的主体，明确法人承担民事责任的独立性，这也成为了我国设置法人制度的初衷。长久以来一直关注的是法人制度在交易、

---

① 【法】莫里斯·奥里乌：《行政法与公法精要》，龚觅等译，郑戈校，辽海出版社，春风文艺出版社1999年版，第162~163页。

财产中的价值，忽视了法人在公法上对公共事务进行独立处理的绩效和自治的价值，忽视了公法人制度的价值。进入21世纪以来，特别是2008年机构改革以来，政府机构和职能开始调整，逐步由市场适应型转向社会回应型，由管理型政府向服务型政府转变。许多学者特别是公法领域的学者，开始发现公法人在国家治理现代化中的作用，提取出法人除财产独立之外的管理独立，很多学术专著开始对公法人进行研究，提出"针对以自治为核心的团体组织而言，首先应当按照国家的规制意图区分公私两种属性，属于公法人的自治团体应当按照公法社团的组织形态与内在结构进行设计、规制，作为国家间接行政的组织手段，由行政组织法来调整"①。遗憾的是我国行政主体理论中并没有公法人。

我国现行行政主体的相关理论成形于20世纪80年代末，可以划分为两个阶段。第一阶段以王名扬教授在《法国行政法》一书中首次引入行政主体概念为标志，从而关注到行政主体理论研究对我国的价值。第二阶段是行政法学者对现行行政主体理论及制度进行集体批判、反思与重构的阶段。法定机构的产生就处于第二阶段，法定机构的产生无疑是对我国现行行政主体理论的冲击，进一步推动行政主体理论的重构。

综上，法定机构是综合了大陆法系的公法人制度和英美法系的新公共管理理论，在治理理论的影响下，对大陆法系的公法人制度不断进行创新，用来解决经济发展面临的新问题的行政法人。

（三）法定机构的权利能力是政策与法律技术的结合

法定机构作为一种法技术手段的融合，具有法律人格，具有独特的法律特征，是实现国家治理现代化、满足民众日益增长的社会生活的需要。所谓法定机构是法技术手段的产物，主要体现在法人制度的创造赋予法定机构的拟制人格。人格的概念最早出现在罗马法中，罗马法中奴隶不具有人格，只有自由市民才有人格。罗马法中将人与人格相分离，认为生物意义上的人与法律意义上的人是完全不同的概念，例如，奴隶是生物意义上的人，但是奴隶没有人格；而法律意义上的人也不一定是生物意义上的人，例如，一些团体。罗马法为法人制度的诞生提供了重要思想起源。到了大陆法系国家的德国，德国的法律体系属于概念法学，强调法律的机构性、体系性和逻辑性。德国民法典进一步发展了罗马法上的人格理论，从概念上实现了自然人与法人在法律主体制度领域

---

① 李昕：《作为组织手段的公法人制度研究》，中国政法大学出版社2009年版，第37页。

下的共生，初步形成了二元法律主体框架的基础。从罗马法到德国民法典，从团体到法人，是人类立法技术的飞跃。其中，担当团体由事实上的组织体转化为法人的制度媒介是权利能力。正是由于法律对特定组织体权利能力的确认和构造，团体才能转化为作为法律主体的法人，能够独立地承担权利、责任和义务。在法技术发展推动下，大陆法系法人理论进一步将法人区分为公法人和私法人，但是这也一直存有争议。

有部分民法学者强调，在我国，公私法人的区别仅具有理论上的研究价值，实践意义并不大，特别在民事活动中，因为公私法人均要适用相同的法律规则，所以这种划分没有必要。[①]但是，随着社会发展的需求以及公法体系的成熟，越来越多的行政法学者认为就法人制度的功能定位和完善发展而言，法人已经超越了私法领域，对于法人研究的立足点也应走向公法领域，超越民法的范围。[②]作为法律主体的公法人，权利能力是法律人格的实现媒介。这就回到一开始我们讨论的法定机构的法律特征——法定性，通过法律赋予法定机构一定的权利能力，是获得其法律人格的重要途径，也是认定其公法人身份的重要标志，所以法定性是法定机构存在的基础，是最根本的特征。可见，权利能力是一种资格，一定程度上揭示了法定机构的实质与存在基础。

法定机构作为政策手段的权利能力，反映了一个国家或地区在特定时期的治理需求，决定了法定机构具有很强的工具性。法定机构权利能力的政策性因素同法定机构的机构目的相辅相成。法定机构目的在于作为国家间接行政的手段，更在于实现国家治理现代化。当一个国家或地区认为某种公共管理或公共服务需要体现灵活性、绩效性、自治性，突破科层制的弊端时，可以成立法定机构，负责政府做不好、市场不适宜做的一类职能。

第三节　法定机构的类型化和超类型化

本书认为，从法定机构的设立初衷、运行机制、具体职能、监管方式四项上来划分，世界上现有的法定机构大致可分为四种类型，即英国的执行机构、

---

① 参见王利明：《民法新论》，中国政法大学出版社1988年版，第234页。

② 参见李昕：《作为组织手段的公法人制度研究》，中国政法大学出版社2009年版，第3页。

美国的独立机构、日本的独立行政法人、新加坡和中国香港特别行政区的法定
机构，见表2-5。本文在上一章已经对这四大类型的产生、运行特点和典型机构
进行了详细介绍，为了深入研究法定机构的类型化，还需对这四大类型进行比
较分析，对比中才能发现不同类型法定机构的共性和特性，这也是本节所研究
的重点。

一、法定机构的类型化

表2-5　法定机构的四大类型

类型	设置初衷	代表国家和地区	主要职责
执行机构	决策与执行分离	英国、新西兰、澳大利亚等英联邦国家	政府集中精力决策，下放权力给法定机构落实和执行。法定机构以企业化运营围绕目标、提升效率，改善公众满意度
独立机构	脱离于党派之争，着眼于国家的战略性、全局性的发展	美国、墨西哥等美洲国家	享有一定的独立性，拥有立法权、行政权和司法权，按照宪法和联邦程序法规定履行职责
行政法人	经济复苏的需要	日本、中国台湾地区	承担不必由政府直接管理的，但完全交由民间组织又难以确保其公益性的事务，兼具公益性和经营性的职责
法定机构	用间接行政的方式管理，将法人治理体系引入到公务中	新加坡、中国香港特别行政区	为政府和社会提供服务，包括公共管理、公共服务

一是执行机构。强调决策与执行的分离，法定机构主要承担公共管理和公
共服务职能的执行职责。以英国、新西兰、澳大利亚等英联邦国家为代表，执
行机构没有独立地位，隶属政府部门，受政府部门的领导，重大事项、经费管
理和人事任免等受到来自政府主管部门的制约管理和约束。执行机构设立的方
式多样，有以下几种：第一，由一家法定机构现有的处室或部门组建而来；第
二，从零开始创建；第三，解散现有的法定机构，然后重新建立；第四，合并
两家法定机构或一家法定机构和一家政府机构；第五，将政府部门升级或重组。
执行机构作为法定机构隶属政府部门，自治性没有其他三种类型强。虽然英国
是法定机构的发源地之一，但其法定机构灵活程度相比而言不及另外三个类型。
二是独立机构。独立机构的最主要目的是独立于政党。独立机构集立法、

司法、行政于一体，功能齐全，同一问题在一个机构中就能全面解决，从而避免机构间的相互推诿扯皮，大大提高了办事效率。以美国为代表，美国的独立机构独立于政府部门，不属于任何部门管辖，由总统直接领导，其政治地位低于行政部门，但其中一些机构的重要性不在行政部门之下。美国的独立机构作为法定机构与其他类型最重要的区别就是具有高度集权性、自治性和独立性，提高了自身的权威性和公信力。

三是行政法人。行政法人主要代表是日本的独立行政法人和我国台湾地区的行政法人。大陆法系国家公法人制度与新公共管理理论、治理理论有机结合，运用法人制度，将法定机构归类为公法人中的独立行政法人，由一部法律对法定机构进行通则规定，例如，日本制定了《独立行政法人通则法》。

四是法定机构。法定机构以新加坡和中国香港特别行政区为代表，与其他国家和地区的法定机构相比，新加坡法定机构在其政府管理体系中是位势最高的，政府紧紧依靠法定机构的延伸，供给公共服务覆盖全岛。新加坡早期的法定机构主要是建屋发展局和经济发展局，它们分别在住房短缺和失业问题方面取得成功。这两个法定机构取得的成效也促使新加坡法定机构数量激增，时至今日，新加坡一级政府16个内阁部，各部共下辖67个法定机构。"一机构一立法"是中国香港特别行政区法定机构最显著的特征，成立法定机构之法中对法定机构的职责、人员组成、运行方式、监督监管有明确规定，法定机构要在专门法律规范内履行职责。法定机构其他三种类型更具有灵活性，主要决策人员一般由行政人员或社会上有资历的人员担任，这一定程度上使其政策的方向性与政府机关保持一致。

虽然四种类型从本质上看还是相通的，但在具体表现和管理运转上存在差别。而由于各地发展的实际需要不同，我国内地法定机构与这四种类型也有不同之处，例如立法模式、与行政机关的关系等，后文将有所述及。

二、法定机构的超类型化

法律发展的规律在于超越，正如卡尔·拉伦茨所说："概念上被严格划分者，实际上常以各种方式相互结合，极端的抽象化经常切断意义关联，因最高概念的空洞性，其常不复能表达出根本的意义脉络，因此，抽象化常导致荒谬的结论。"[1] 可见，拉伦茨认为，除了类型化外，在法学研究中还需要某些用来发现事物之间演变、过渡与发展脉络的认识工具。因此，类型化与类型化的研究是必

---

[1]　王晓晔:《德国民法通论》，法律出版社2003年版，第333页。

要的，超越既有类型也是必然的。

法定机构是目的性的产物，可以说组织目的是一切组织机构产生的动力。按照行政法和行政组织法原则，法定机构需要符合组织任务的需要，这决定了影响法定机构的运行机制的因素一定包括其要达成的功能和目标。这一特点决定了法定机构的模式有共同遵循的标准和规范，但也要明确，这种类型化不是绝对的，它只能体现当下服务于现实的行政需要，法定机构是法律技术与现实情况的政策性结合，具有政策性和时代性，因此，对法定机构的类型不能作封闭性的界定。以我国法定机构的实践为例，我国法定机构是在分别借鉴以上四种类型有益实践的基础上，结合本国的行政需要，实现了法定机构的超类型化，创造出一种中国特色的法定机构。而且从世界范围来看，各地法定机构的实践在不断相互借鉴和完善，很多共性特征越来越明显。

理论上的类型化研究对立法有着重要的影响，但是立法毕竟是独立于理论的，它更鲜明地体现着一定立法政策和时代背景，追求法律规范调整的便利，以达到法律条文设置的平衡和实用。国家行政任务的现实复杂性使得法定机构类型化后的混合现象不可避免地存在，尽管不同类型下的法定机构所追求的具体目标有区别，但是组织架构的要求是相同的，即如何以更有效率的方式达成目标，符合政府的期许，以实现组织设置的目的。因此，法定机构的类型化界定应当具有相对性，而不是绝对性与封闭性。同时，应当摒弃无谓的学术争论，因为在组织理论和实践中，正确的答案不是非此即彼，而是兼收并蓄。

三、判定法定机构的五大标准

虽然法定机构在各国的名称不同，但是都有一些明显的共性，正是因为有了这些共性，才将有不同名称的这些机构，统一划为法定机构。这些共性是判定法定机构的重要标准，这是本节要重点讨论的内容。厘清好法定机构的判定标准，有助于我们透过现象看本质，对我国法定机构的试点有直接指导意义。

（一）依法设立

依法设立，是指组织成立时要有法律依据。法定机构的设立、变更都需经严格的法律程序，传统意义上的行政机构则不一定。从法律地位上看，法定机构属于公法人中的行政法人。这是"依法设立"的根本原因。关于"依法设立"的方式，实践中有三种做法：一是一事一立法，一部法律法规成立一个专门的法定机构，例如，新加坡和中国香港特别行政区的法定机构；二是制定一部法律法规规定所用法定机构的成立条件，只要满足了这个条件经登记后即取得法定机构资格，这里的这部法律法规，从功能意义上看，跟私法人上的民法相似，即主要满足民法设定的企业成立的条件，登记后即获得企业资格，例如，英国的执行机构；三是折中方案，在同一个地区针对功能相似的同一类法定机构，为了节约司法成本，可以由一部法律法规来统一设立，其他具有特殊性的按照"一机构一立法"，例如，日本和我国台湾地区的行政法人。

（二）职责法定

法定机构的职责法定体现在职责的内容有着严格的法定限制。从性质上看，法定机构从事的职责业务必须兼具公共目的性和经营性。职责的公共目的性是法定机构接受政府指导和监督的依据，职责的经营性是对法定机构进行绩效考核和成本控制的基础。从内容上看，为保证经济社会发展，将那些不必由政府直接管理，但是完全交由民营部门又不能保证公共目的性的事业交由法定机构来从事，这是法定机构的特定职责内容。从业务上看，强调决策与执行分离，法定机构的职责一般是执行。例如，英国建立执行机构，政府部门制定政策，执行机构执行政策。行政过程中决策与执行的分离，是现代政府改革的热门，政府不能既掌舵又划桨，各国行政管理体制改革都在朝着这个方向前进。法定机构的组织性质决定了它有着特定功能优势。中国的国情决定了我们不可能大规模地利用私营部门的力量来参与执行政府决策。从未来的发展着眼，国外成立法定机构的做法对我们的行政改革选择有一定的借鉴意义。

（三）运作独立

运作独立，是指法定机构的内部运行上采用企业管理方式。在内部管理方面，法定机构具有较大的独立性、自主性，可以突破传统行政机关的科层制管理，完全采用企业管理的人事管理、薪酬体系、奖惩体系。要招募优秀人才成为政府公务员，其吸引力并不在于高薪特权，而是要依靠合理的薪酬市场化、严谨的反腐法治监管、公平公正的能力展现与持续激励机制三位一体的高效制度，这正是设立法定机构的意义所在。虽然世界各地法定机构这一类机构的名称各不相同，但是他们产生的契机都极其相似，即对"小政府大社会"的呼吁。19世纪末20世纪初，传统公共管理中马克斯·韦伯创立了科层制，第一次有了官僚制这一名词，在当时，官僚制并不像今天一样是个贬义词，而是被认为适应了工业化大生产的需求，在管理学上被认为一种"最有用的、持久的和卓越的成果"，经济基础决定上层建筑，科层制在产生它的那个时代，适应和推动了经济的发展。但是，随着经济的不断发展，科层制落后了。19世纪70年代出现了经济滞胀，持续了 10 多年，经济问题也带来一系列的社会问题，社会矛盾凸显，官僚制的弊端也开始显现出来，政府机构臃肿、人浮于事、政府职能扩张、政府规模膨胀、公共事务激增、财政危机与信任危机以及民众需求多样化，给社会带来了诸多挑战。这一问题催生了新公共管理运动，呼吁小政府大社会，改变传统的科层制、官僚制，特别是在后新公共管理运动中，进一步把社会加入到国家管理中来，从管理走向治理。从这一点来说，法定机构是为了解决人们日益增长的服务管理需求与落后的政府管理之间的矛盾的产物。表面上看是机构改革，实质则是管理理念的变化。企业管理的方法进入人们的视野，人们开始思考用企业的管理方法和手段来进行公共管理和公共服务，优胜劣汰、公平与绩效的理念打破了科层制的墨守成规、层层规制，创设出半政府半企业的法定机构来实践这种方案。

（四）不属于政府部门序列

不属于政府部门序列，是指不属于公务员序列。19 世纪中后期，为了适应工业化需要，公务员制度产生。 20 世纪 70 年代以来，公务员制度不断受到批评，如何提高公务员队伍的绩效成为行政体制改革的焦点问题。法定机构的员工不属于公务员，它不仅能够将公务员逢进必考的制度打破，而且采用自主招聘方式广泛吸收海内外优秀人才，能者上，劣者下，绩效考核也更公平、更具有激励性。[①] 可以说，法定机构的出现是对公务员制度的突破，主要体现在以下三点：一是增强了人员流动的灵活性。正如威尔逊所说："为了有更好的效果，我们必须减少管制……事无巨细的管制、甚至对公共雇员的管制，它几乎很难不和活力、工作质量及自尊心和创造力的发挥发生矛盾。"[②] 法定机构强调独立运作，将公务员从传统的科层制中解脱出来，除了法定机构的首长大多数由政府任命外，法定机构的工作人员基本上都采用市场招聘的方式，在人才的录用、考核、管理上具有很大的灵活性。二是打破常任制度。法定机构猛烈冲击了终身受雇制度，取而代之的是将市场竞争机制引入公共事务中，增强公共部门和私人部门人员之间的流动，在人员任用上推行聘任制和合同雇佣制。例如，英国的执行机构全部人员实行聘任制。三是强调绩效考核。法定机构在人事管

---

① 参见张成福、马子博：《公共管理导论》，中国人民大学出版社 2001 年版，第 285~287 页。

② Wilson JQ. Bureaucracy: What Government Agencies Do and Why Do It. New York: Basic Books，1989，p.369.

理上的基本取向是注重绩效而非过程控制，重视目标的达成，采取灵活的薪酬和奖励机制，突破传统的等级工作制，将个人工作的实际成效和工资待遇结合起来。

（五）共同参与

共同参与，是指"政府＋市场＋社会"共同参与国家治理现代化。在现代国家，一方面，希望政府越小越好；另一方面，公民对政府的公共服务要求越来越高，但由于成本，政府不能无限制扩大规模。这就凸显出了法定机构的功能优势，法定机构的组织性质与组织特点决定了它可以在满足社会需要的前提下压缩政府规模。国家最早是一元统治，随着市场经济的不断发展，市场有形的手和政府无形的手开始共同管理国家，但是随着社会的不断发展，新问题新挑战层出不穷，这时候发现单纯依靠政府和市场的管理也是不行的，于是引入社会这个多面手，由"政府＋市场＋社会"多方来共同治理国家，形成一个多元化治理主体的治理网络。

从法定机构的各地实践可以看到，目前法定机构这类性质的组织范围十分广泛，导致法定机构的内涵和外延也较为模糊，但是我们仍可以提炼出共性，找到划定法定机构的标准。总的来说，政府再造已经成为历史的必然趋势，虽然各个国家和地区的政治、经济、文化、社会因素不同，但是都在相通的道路上，采用各自的步伐和进度，朝着相通的目标迈进。在追求高效、责任化的时代精神中，各地区都以相似的改革方式进行着政府体制的革新工程。英国的执行机构、美国的独立机构、日本的独立行政法人、新加坡的法定机构、德国的公法人、法国的公务法人，虽然结合本国国情在制度设计、运行机制上存在差异，但是其组织的目的是一致的，机构的缘起也是一脉相承的。其核心价值是将行政机关改制为法定机构性质的机构，并施以绩效评估，落实以绩效为导向的管理目标，是政府于行政机关、民营化方式以外，执行公共任务的第三条道路。

第三章

我国法定机构实践的基本制度

本章从我国设立法定机构的实际出发，以设立一个法定机构需要考虑的诸多相关因素为逻辑起点，按照法定机构从无到有、从小到大的发展顺序，为当下正在如火如荼进行的法定机构的试点，特别是自贸区、开发区内的法定机构试点，指明方向，寻找正确方法，化解遇到的问题，助推我国法定机构在一个正确的轨道上不断发展壮大。

第一节　法定机构的设定

一、我国法定机构设立的区域、领域和方式

（一）设立区域：自贸区、开发区

目前，法定机构在我国的试点分布在深圳、广州、佛山、海南、合肥、天津、青岛、上海等省市，而且主要集中在这些地区的自贸区、开发区。我国法定机构主要集中在自贸区、开发区是因为，一方面，开发区、自贸区需要人才引进和制度创新，活力高效的园区管理有利于发挥示范作用；另一方面，园区内多是金融、咨询、开发等新型产业，服务和管理这些企业，传统的行政方法无法达到效果。在这些地区采用法定机构的方式：一是鼓励政府创新，运用法定机构给区域改革注入活力。二是吸引人才，采用法人治理结构，突破原有科层制的弊端，选贤任能。三是对标国际。法定机构具有灵活性，采用法定机构有利于自贸区融入全球竞争环境，提高国际竞争力。四是推动区域改革，做深

化改革的排头兵。法定机构在我国还属于新生事物，目前关于法定机构的官方文件最高的是省一级，还没有在全国普遍推广开，鉴于法定机构的灵活性，如果不规范设立很容易泛滥，让改革走形式。所以，目前法定机构适合的地区是开放性程度高、自由贸易需求高、经济技术发展快的自贸区、开发区，等这些区域经过试点改革形成一套成熟的经验制度后，再考虑是否适合在其他地区推广。虽然法定机构在我国未来可探知的空间很大，但是此阶段仅适宜自贸区、开发区推广，不适宜在国内其他地区试点。

（二）设立领域：公益性、专业性、技术性、创新性、开发性、贸易性强的领域

在我国，设立法定机构应该一机构一立法，按照法治思维推进法定机构的试点工作，有步骤地开展实践，不能一刀切，否则容易造成行政主体上的混乱。基于行政体制改革需要、国家安全稳定发展等角度考虑，我国法定机构可以先在以下三大领域实践：一是公权力少但是公益性强的领域，可以涉及人才发展文化、人才管理、社会咨询等，例如在顺德自贸区内设立的佛山市顺德区人才发展服务中心；二是专业性、技术性强的领域，可以涉及网络、信息、金融等产业，例如海南省自贸区内设立的海南省大数据管理局；三是创新性、开发性、贸易性强的领域，例如南沙新区自贸区内设立的广州市南沙新区明珠湾开发建设管理局。以上三类法定机构的职责涉及公权力较小，但是对专业性和技术性要求高，采用法定机构来承接这类职责，能够提高资源配置的使用率，构建完善、科学、高效的组织机构。而且，法定机构从这些领域开始试点，也比较容易被社会接受，因为大都涉及服务和公益事业，给人们带来的是服务和便利，而不是限制和义务，更容易被政府部门和社会认可。

（三）设立方式：新设立比转换设立更具有可行性

根据政府社会管理或经济发展的需要，法定机构的创设方式主要有以下四种类型：一是原创型，即从无到有设立一个全新的法定机构；二是扩展型，对原有机构的职能进行扩充，成立法定机构；三是合并型，由两个或两个以上的机构、组织合并成法定机构；四是升级重塑型，这种重塑型的方式有两种：一种方式是将因为效率太低需撤销的法定机构进行升级而形成新的法定机构，另一种方式是将政府部门升级改造成法定机构。

法定机构的创设途径有两类：一是由旧的改造成新的，二是全部新建。改建旧有的肯定比完全新建的阻力要大，不会一帆风顺，这涉及诸多问题，例如

原有机构员工的分流问题、与原主管部门的关系问题、主要负责人的去留问题等。处理不好这些问题，将会对后来建立的法定机构产生致命影响。新建法定机构可以按照新思路新想法，按照法定程序、法定要求进行，这种方式阻力相对较小，但是也需要更多的胆魄和开拓精神。从目前我国内地 29 家法定机构来看，新设立的有 16 家，分别是深圳前海管理局、佛山市顺德区内的社会创新中心和产业服务创新中心、广州市南沙新区产业园区开发建设管理局、广州市南沙新区明珠湾开发建设管理局、深圳市计量质量检测研究院、深圳市规划国土发展研究中心、深圳市国家高技术产业创新中心、深圳市公立医院管理中心、南方科技大学、青岛蓝色硅谷核心区管理局、青岛国际邮轮港、上海陆家嘴金融城发展局、海南国际经济发展局、海南省大数据管理局、海南博鳌乐城国际医疗旅游先行区管理局；转化设立的有 11 家，分别是佛山市顺德区人才发展服务中心、佛山市顺德区城市更新发展中心、深圳市房地产评估发展中心、深圳公证处、深圳市住房公积金管理中心、合肥高新区、天津开发区、天津港保税区、天津滨海高新区、天津东疆保税港区、中新天津生态城；组建设立的有 2 家，分别是佛山市顺德区文化艺术发展中心、深圳国际仲裁院。可见，当下完全新设是法定机构设立的主要方式，其次是将现有事业单位转换成法定机构的方式。

法定机构管理制度目前在英国、新加坡、中国香港特别行政区运作比较成熟。就我国内地的实际情况来说，设置法定机构的条件跟英国、新加坡还不同，考虑实际情况，我们的步子不能迈得太大。法定机构要在市场化程度比较高的地方试点，否则有些法定机构可能通过立法来保障其在所处行业的垄断性和排他性。法定机构设立的初衷是想让法定机构用市场化手段解决政府解决不了的问题，最主要是需要一套完善的法律法规体系和竞争较充分的市场，这不光是制定一个条例就能解决的问题。从国家近些年法定机构的改革情况来看，目前主要在一些经济开放程度高的开发区、自贸区尝试采用法定机构比较可行。

综上，从设立法定机构的前提条件中可以看到，法定机构改革走向符合自贸区的改革要求。随着政府逐步向自贸区、开发区下放部分权限，这些自贸区和开发区将会成为未来法定机构模式运行的重要方向。值得一提的是，自贸区、开发区设立的法定机构大多负责经济职能，如开发建设、运营管理、招商引资、制度创新等，而一些社会管理职能则仍归所在区 / 市政府及市相关部门负责。

二、法定机构的设立

法定性是法定机构存在的基石，是法定机构最根本的特征。同我国香港特别行政区的法定机构做法一样，我国内地目前试点的 29 家法定机构也全部采用"一机构一立法"的方式，不同于传统的一部法律法规可以规定几个机构的做法。

（一）立法模式的选择

研究法定机构的立法模式目的是解决其从何而来的问题，为法定机构行使职能提供依据。纵观中外立法实践，我国内地法定机构的立法模式有以下几种方案选择。

1. 单项立法模式

较早推广法定机构的新加坡、中国香港特别行政区等地基本采用单项立法的模式，即要求单个法定机构都有专门针对它而制定的法律法规，并在其中详细地规定了该机构的性质、目的、职能、治理结构等，也规定了其资源获取与利用、运作原则等。这些法律法规成为了政府对法定机构进行监督、干预或者管理的基本依据。目前我国法定机构的实践主要采用这种模式，制定了例如《深圳经济特区前海深港现代服务业合作区条例》等文件。单项立法模式的优点是具有专属性，针对该法定机构量体裁衣，内容单一，也便于该法定机构执行，能在短时间内出台，推动法定机构改革。但是，这种模式的缺点是如果每个法定机构都出台一个管理规定或办法，会造成重复立法，容易造成规范冲突，也不利于节约立法成本，太过烦琐。例如，以广东省为例，每年列入省人大常委会和省政府年度立法计划总项目也不过 40 件，"一机构一立法"会给立法工作带来很大挑战。

2. 专项立法模式

此种模式适用于某一行业、领域具有一般属性的法定机构。其优点是统一规范，节省立法资源。缺点是法定机构情况复杂，统一的立法可能会忽略法定机构之间的区别。目前，我国法定机构还处在探索阶段，总体上看某一行业内的法定机构数量很少，特性也不是很明显，虽然法定机构往往是为了达成特定目的成立的，具有一定的共性，但是这些共性尚不足以统一规范，因此我国法定机构还不适宜此类立法模式。

3. 全面立法模式

此种模式是通过法律法规的形式，统一规定法定机构的职责任务、组织架构、管理运作、监督机制等事项，各法定机构据此制定规范性文件作为其管理运作的章程，类似于行政机关的"三定方案"，例如日本的《独立行政法人章程》。该模式的优点是明确法定机构定位，便于实施。缺点是我国当前对法定机构的发展规律、发展方向尚处于探索研究阶段，通过统一全面的立法一步到位解决法定机构的主要问题，目前还很难做到。

4. 专属与统一立法相结合的模式

首先，初步掌握法定机构的发展规律和方向，积累立法经验。然后，待条件成熟后，根据法定机构的职责特点，对承担公共事务类、公共服务类和公共事业类的法定机构分别规定，制定基本制度，就各类法定机构的目的、运行机制和设立流程做出原则性规定，再由各地依法依程序实际做出有针对性的制度安排，细化规定。

（二）设立依据的种类

从世界各地的主要做法来看，法定机构设立种类有两种：一是立法设定，二是规范性非法律文件①设定。其中，立法设定又可以分为不同的立法层级。

1. 国家立法设立法定机构

目前，设立法定机构的国家大都采用由国家最高立法机关进行立法的方式，例如国会或议会的立法。法定机构涉及国家体制的改革，需要公信力和权威力才能更好地开展，也能体现法定机构的基础法定性，所以采用国家立法设立的方式，提高法律位阶。例如，美国的独立机构基本上都由国会立法设立，联邦贸易委员会由国会通过《联邦贸易委员会法》成立，证券交易委员会由国会通过《证券交易法》成立。而且，立法中要明确法定机构的设立目的、职责、运行机制、经费来源等具体问题，法定机构按照这部法律来进行履职，相关部门也要据此定期对法定机构开展考评考核。这种国家立法的设立方式，给法定机构以最强的合法性保证，是最为理想的设立依据，最具有稳定性和权威性。但是，从目前我国法定机构的试点情况来看，这并不适合我国，目前还不具备由全国人大或全国人大常委会对法定机构进行设立的条件。但是，随着改革的深入，或许有一天可以借鉴日本的做法，在全国范围内制定一部《行政法人规定》②，在《行政法人规定》中对独立行政法人的基本制度作出原则性规定。

---

① 在我国，规范性文件尚无明确的统一的内涵界定。一般将其分为广义和狭义两种。广义的规范性文件一般是指属于法律范畴的立法性文件（即宪法、法律、法规、规章）和除此以外的由国家机关和其他团体、社团组织、企事业单位等制定的具有约束力的非立法性文件的总和。常规情况下，我们更多地是在狭义上使用这一概念的，将其视为法律范畴以外的其他具有约束力的非立法性文件，俗称红头文件。为了在概念上作出严格区分，笔者将前者称为规范性法律文件，将后者称为规范性非法律文件。

② 1999 年，日本通过《独立行政法人通则法》；2001 年 4 月，首批 57 个独立行政法人正式设立。

2. 通过地方性法规设立法定机构

在内地现有的 29 家法定机构中有 3 家是以地方性法规为法定机构提供设立依据，比例仅占 10%，可见，采用地方性法规设立法定机构在实践中还有障碍。通过查阅人大网站，发现很多设区的市人大年立法计划大都为 5~10 件，省级人大正式安排的立法计划也就是 10~20 件。对于是否采用地方性法规设立法定机构，要辩证地看：一方面，法定性是法定机构最根本的特性，采用地方立法的方式，高的立法位阶更能够保证法定机构的合法性、可信性、权威性，也同世界各地大都采用国家立法来设立法定机构的做法相呼应；另一方面，这种做法耗时耗力，如果一刀切容易错失改革先机。在我国，通过地方性法规，需要按照严格的法定程序，要由专业人员来论证，耗时相对长，程序也较复杂，成本较高。目前，在法定机构的试点阶段，我国采用的是一事一立法的设立方式，要求在设立法定机构的法律法规中明确法定机构的人员组成、运行机制、经费来源等具体事宜，要求规定具有可操作性。但是，现实是地方性法规的立法思路一般是更注重逻辑体系的完整性、严密性，很难同时顾及好具体性和操作性。如果每设立一个法定机构都要由地方人大进行专项立法，这对于一些工作量大而拟设立法定机构又多的省份来说，推行的难度相对较大，可操作性较低，容易错失改革时机。

3. 通过地方政府规章设立法定机构

从立法资源分配和组织的难易程度来看，通过地方政府规章的方式比通过国家立法和地方性法规更容易操作，也相对宽松。29 家法定机构中有 10 家法定机构是以地方政府规章的方式为法定机构提供设立依据的，占比 34%。事物都具有两面性，虽然地方政府规章的方式操作起来更容易，但是也存在风险和不足。《立法法》规定，如涉及减损公民、法人及其他组织的合法利益或增加义务，则应当有法律法规狭义上的"法律"作为依据。[①] 对于提供公共服务的法定机构，由于其对相对人主要都是增益性的服务，所以通过地方政府规章来设立是可以的。但是如果从事公共管理的法定机构职责范围内有涉及《立法法》第 82 条规定的，则不能由地方政府规章来设立，而只能由法律来规定。

4. 通过规范性文件设立法定机构

常见的"决定""办法""规定"等很多属于规范性文件，指不具有立法权的机关订立的文件，从严格意义上来说规范性文件并不具有法律效力，但是在

---

① 《立法法》第 82 条规定："没有法律、行政法规、地方性法规的依据，地方政府规章不得规定减损公民、法人和其他组织权利或者增加其义务的规范。"

实际操作中，很多规范性文件成为法定机构成立的法律依据。例如，佛山市顺德区以区人大常委会审议通过"管理规定"作为区内 5 家法定机构的成立依据，就属于采用规范性文件设立法定机构。29 家法定机构中采用这种方式的有 16 家，如以编制委员会发文决定设立的深圳国际仲裁院、深圳市规划国土发展研究中心，以省政府的试点改革方案设立的合肥高新区，以市委常委会议的意见决定设立的天津开发区等。如前多处论及，法定机构的基础就是依法设立，但是规范性文件严格上并不具备法律效力。所以，从某种程度上说，由规范性文件设立法定机构的方式并不是最科学的，和法定机构的法定性要求不相适宜。虽然这一方式在法定机构先行先试的试点中做出了一定的贡献，成功设立了 16 家法定机构，但是此种做法不能鼓励和推广，这样不利于法定机构的合法性和公信力的树立，不能起到法定机构法定的立法效果，更不利于法定机构开展工作——在法律地位上，行政主体地位无法明确；在诉讼中，诉讼主体资格也不能确定。

综上，法定机构的设立依据目前还没有统一规范，各地结合自己的实践和情况，作出一定的取舍，选择立法方式。综合法定机构的法定性和当下试点的实际需要，考虑法定机构的合法性和立法成本，认为我国法定机构的设立方式比较科学、可行的是二元结构法，即以地方性法规为主，地方政府规章作为补充的方法。主要理由是：其一，目前来看，由国家立法针对一个法定机构设立一部法律的方式，显然是不现实也不可行的。在我国早期法定机构的试点过程中，都是采用的一机构一立法的方式，在这种情况下，采用地方性法规或者地方政府规章，更能够显出一机构一立法的价值，也具有操作性。其二，对于主要从事公共服务类的法定机构，其职责更多的是授益性的，基本不存在《立法法》第 82 条规定的减损公民、法人和其他组织权利或者增加其义务规范的情况，可以由地方政府规章直接设立这一类法定机构；但是如果涉及第 82 条规定的情形的，应当提请本级人大或者人大常委会通过制定地方性法规的方式来设立法定机构。其三，从法定机构的法定性和权威性来看，采用地方性法规的方式设立法定机构是最合适的，但是实际中由于地方立法权限的问题，并不能全部都按照这种理想方式来操作，29 家法定机构也仅有 3 家采用了这种方式。所以，实际中对于不涉及《立法法》第 82 条规定的，可以采用地方政府规章的方式。这种二元化的设立方式是我国现行立法体制下较为合理合法的一种选择，可切实有效降低推进法定机构的成本。

（三）实践中的主要做法

从目前的实践来看，我国的法定机构是特定的地方性法规或者政府规章的产物，采用一机构一立法的方式，受不同地区法治环境的影响，各地做法不一。例如，深圳市的人大及其常委会享有地方性法规的制定权，深圳市政府也有规章的制定权，不仅如此，作为特区还享有特区的法规的制定权，可以说在法定机构的设立上，深圳市是很顺畅的。但是，很多城市，特别是区一级的城市，没有地方立法权，或者仅有部分立法权，设立法定机构就成为重要难题。截至2019年10月，我国内地现有的29家法定机构的立法模式，可分为四类：第一类是通过制定地方法规明确设立法定机构，并具体规定该机构的职责、任务、与相关政府部门的权责关系等，比较典型的是深圳前海管理局，它以深圳市人大常委会审议通过的《深圳经济特区前海深港现代服务业合作区条例》作为设立和运作的依据；第二类是通过地方政府规章明确设立法定机构，例如，深圳市政府发布《南方科技大学管理暂行办法》成立南方科技大学，广州市政府常务会议审议通过《广州市南沙新区明珠湾开发建设管理局设立和运行规定》成立明珠湾开发建设管理局；第三类是通过规范性文件明确设立法定机构，例如，佛山顺德自贸区内的5家法定机构。改革启动之初，顺德自贸区人大常委会根据《地方各级人民代表大会和地方各级人民政府组织法》第44条关于地方重大事项决定权的规定，先后审议通过了《佛山市顺德区社会创新中心管理规定》等文件，这些文件成为了顺德自贸区内5家法定机构（佛山市顺德区社会创新中心、佛山市顺德区文化艺术发展中心、佛山市顺德区人才发展服务中心、佛山市顺德区产业服务创新中心、佛山市顺德区城市更新发展中心）设立、运作的依据，同时明确5个法定机构主要承担社会公共服务方面职责；第四类是人大授权决定的形式，例如，浦东新区人大常委会审议通过浦东新区人民代表大会常务委员会《关于促进和保障陆家嘴金融城体制改革的决定》成立的上海陆家嘴金融城发展局，青岛市人大常委会审议通过《关于青岛蓝色硅谷核心区开展法定机构试点工作的决定》成立青岛蓝色硅谷核心区管理局。

（四）法定机构立法工作需处理好的几种关系

1.法定机构与主管部门的关系

开展法定机构试点工作，应当明确政府及其部门与法定机构之间的权责关系。政府将某些公共管理职能、公共服务职能授权、委托给法定机构后，其职责应当由统包统管转变为主要负责政策法规、行业规划、标准规范和监督指导等宏观性决策和监管，实现从"运动员"向"裁判员"的角色转变。要明确一个原则，即建立法定机构不是要弱化、消除政府及其部门对事业单位的监管，"另立山头"，而是要增强灵活性，提高公共管理和公共服务的质量和效益。

2. 行政机关职权法定与法定机构履行行政职权的关系

行政职权是职权与职责的统一体，不仅表现为法律上的主张支配力，还包含着法律上的职责要求。一定的行政职权不得随意转移，也不得随意放弃。有些行政职权是法律法规赋予行政机关的，法定机构试点后，可能会出现政府部门将行政职权无序下放的问题。因此，有必要防止以改革创新之名随意通过地方性法规、政府规章将行政职权转移给法定机构，违反职权法定原则的现象。

3. 授权与控权的关系

行政机关授权或者委托法定机构行使公共管理和公共服务职能的行为，既要严格遵守法律法规规定的内容、方式、步骤和顺序，又要避免由于转移行政职权而出现的权力扩张和滥用。特别是主要承担公共管理职能的法定机构，应当严格执行行政许可法、行政处罚法等法律法规，不得超越法定权限和程序履行行政管理职能。此外，法定机构立法不得增加对管理相对人的限制、增加管理相对人的经济负担。除法律法规另有规定外，法定机构立法应当禁止新设收费项目。

4. 法定机构立法与事业单位"三定方案"的关系

事业单位根据"三定方案"确定机构（包括名称、性质、经费等）、编制（包括部门领导职数和内设机构的领导职数）和职能（包括部门职能和内设机构具体职能）。但"三定方案"仅是政策文件，与之相比，法定机构立法无疑更具有法律效力，更具有全面性、确定性。因此，法定机构立法除了规定职责权限、治理结构、经费等事项外，还应当对法定机构的内设机构的数量、具体职责、人员编制等作明确规定，以体现机构编制法定化的要求，也便于社会公众知悉，符合公开透明的原则。

5. 法定机构立法与其他立法的关系

法定机构立法是法定机构管理运作的重要依据，具有专属性、不可替代性，但法定机构履行职能应当同时遵守法律法规。一是行使公共管理职能时，应当遵守行政许可法、行政处罚法等法律法规，履行职务的行为必须符合授权或者委托的权限和程序。二是行使公共服务职能时，应当遵守有关民事、行政法律规范，不得排斥执行其他法律法规。

6. 法定机构立法与保护国有资产的关系

法定机构立法应当着眼于为国有资产保护提供法治保障，避免在改革中由于法定机构与主管部门的剥离导致国有资产流失。处理好这对关系，要重点考虑四点：一是产权界定，要明确国有资产和非国有资产的区别，防止一改制就把大量的国有资产变成了非国有资产。二是内部监管，改革过程应当通过职工代表大会或者职工大会听取职工的意见和建议。三是社会监督，要将国有资产的转移情况定期向社会公布。四是责任追究，在改制工作中滥用职权、玩忽职守、徇私舞弊，导致国有资产流失的，对负有责任的领导人员和直接责任人员依法追究法律责任。

三、法定机构的登记

《事业单位登记管理暂行条例》要求，事业单位的设立、变更和撤销均需进行核准登记。法定机构也不列外，在很多设立方式上可以参照事业单位的方法。

（一）实践中的登记情况

法定机构作为"舶来品"，是个法学概念，在我国不能以"法定机构"的名义登记，只能按照现有的事业单位、企业法人等登记方式，来选择适用。立法设立的法定机构并没有突破现有法律框架而去重新创制某种法人类型。法定机构登记为何种性质，实践中主要有四种做法：一是机关法人。例如，深圳前海管理局、广州市南沙新区产业园区开发建设管理局、广州市南沙新区明珠湾开发建设管理局、青岛蓝色硅谷核心区管理局4家法定机构。二是事业单位法人。有22家法定机构采用这种做法，事业单位法人是目前我国法定机构的主要登记方式。三是企业法人。例如，上海陆家嘴金融城发展局、海南博鳌乐城国际医疗旅游先行区管理局2家法定机构。四是社团法人。例如，海南国际经济发展局。

（二）登记方式与功能定位

从登记方式，可以看出：一是采用机关法人方式登记的法定机构，实际上是以准政府机构的形式设定了一个法定机构。深圳前海管理局、广州市南沙新区产业园区开发建设管理局、广州市南沙新区明珠湾开发建设管理局、青岛蓝色硅谷核心区管理局4家法定机构都是承担管理园区的公共管理职能，同园区管委会实行"两块牌子、一套人马、一体化运作"。将此类法定机构登记为机关法人，主要是考虑到其承担的公共管理职能，在一定意义上他们等同于一个具体的管理和服务的机构，但是作为法定机构，他们又不属于政府序列，除局长外均没有行政级别。二是采用企业方式登记的法定机构，实际上以企业的形式登记，能够从根本上解决编制问题，保证其拥有更大的自主性。上海陆家嘴金融城发展局的职责定位是实施和协调金融城的公共事务，致力于提供公共产品和公共服务，促进陆家嘴金融中心的创新发展；海南博鳌乐城国际医疗旅游先行区管理局的职责定位是提供医疗、旅游服务，推进国际医疗旅游、高端医疗服务、大健康产业高标准高质量发展。两家法定机构中，一个是提供金融服务，一个是提供旅游服务，可见提供公共服务是共性。采用企业法人的登记方式保证其在人事选聘上更加具有灵活性，不断吸引优秀的人才来提供最优质的服务，同时能够体现法定机构平等参与市场活动的主体地位。三是事业单位法人，这是目前我国大多数法定机构采取的登记方式。以前探讨事业单位的改革，都是在做存量的改革，法定机构的引入，就是一种化学反应，是一种增量的改革。具有专业性、技术性的执行职能更适宜具有灵活性的法定机构来承担，例如海南省大数据管理局、深圳市住房公积金管理中心、南方科技大学等，他们具体承担某一项职能。四是采用社团法人登记的，仅海南国际经济发展局 1 家法定机构。海南国际经济发展局的职责定位是提供国际企业服务。社团法人，在公法人对应的是大陆法系上的公法社团。公法社团以成员为基本单位，社团的宗旨就是通过团体性的组织使成员共同管理与自身有关的事务，这一目的的实现蕴含在成员参与社团意志形成的过程中。为了将这种利害关系人参与内化为组织结构，在组织设计上必须使成员能够对团体事务发挥决定性的影响，通过内部的参与，自治团体得以形成内部共同意志，以履行自治事务。依据国家设立公法人分摊国家行政任务的执行模式可以看出，公法社团是一种为了达成国家目的而设立的组织体，通过设立公法社团，目的在于利用治理的理念，以更为有效的执行方式贯彻行政目的。可见，将法定机构登记为社团法人，主要是出于其采用法定机构的法人治理结构，设有理事会，在理事会的组成成员中有来自各方的利益关系体，由社会多方参与到理事会中，共同管理法定机构。

综上，四种法定机构的登记方式分别体现了法定机构不同的功能定位。其中，机关法人强调法定机构是国家间接行政的方式，侧重体现法定机构的公共管理职能；企业法人强调激发市场活力，侧重体现法定机构提供经济服务的职能；事业单位强调法定机构转变管理方式和人事考核制度，侧重体现法定机构的机构改革职能；社团法人强调法定机构特有的法人治理体系，突出法定机构成员共同参与治理，强调理事会在管理中的作用。

（三）登记方式与权利义务

2020 年 5 月 28 日经全国人大表决通过的民法典对法人的分类如下：第一类

营利法人，包括有限责任公司、股份有限公司和其他企业法人；第二类非营利法人，包括事业单位、社会团体、基金会、社会服务机构等；第三类特别法人，包括机关法人、农村集体经济组织法人、城镇农村的合作经济组织法人、基层群众性自治组织法人。法定机构是一个法学概念，泛指不属于行政序列，采用法人治理结构的独立行政法人。法定机构要参与到经济管理活动中来，会同其他组织和个体发生权利义务关系，这些关系的处理，就要看此类法定机构在具体的法律中是如何定位。从民法典的规定和现有法定机构的登记方式来看，法定机构在民法典中的法人三类分类中都涉及，如第一类当中的其他企业法人，企业法人形式的法定机构与普通企业不同，虽然都具有营利性，但是法定机构更加强调公益性，在公益性和营利性发生冲突时，应选择公益性，而放弃营利；第二类当中的事业单位法人和社会团体法人，此类登记方式的法定机构是非营利的，经费来源上应主要依靠财政投入；第三类的机关法人，它们在行使公权力的时候不以法人的名义出现，只有在从事民事活动中才以机关法人的身份出现。机关法人的财产来源于国家或地方财政，民事责任也由国家或地方财政分担。可见，法定机构不同的登记方式，在民法上的权利义务关系也有所不同，应根据设立法定机构的目的，选择最合适的登记方式。

第二节　法定机构的职责

思考我国法定机构实践的基本制度构建，不可避免地要回答法定机构的职责，职责包括职权和责任两个问题。法定机构的职责是制定法定机构法定依据的重要内容，也是把握好法定机构在我国行政法体系中定位的关键。有职权就一定有责任，职权越大责任也就越大。完整的法定机构理论体系，必须要有明确的法定机构内外部法律关系，这既是保护相对人合法权益、保障相对人的权利救济的重要手段，也是法定机构长远发展的重要保障。

一、法定机构的职权

实践中，我国29家法定机构的职权范围并不一致。有的法定机构的职权范围本身值得商榷，而有的职权范围又不包含在这29家法定机构中。法定机构可履行的职权必须来源于法律的直接授权，所以探讨法定机构的职权范围的正确方法是从我国现有的法律出发，从立法原意上确定。

（一）行政许可

按照《行政许可法》第 23 条①和第 24 条第 1 款②的规定，可以看到：一是对于主要承担公共事务管理职能的法定机构，通过地方性法规明确其职责后成为法律、法规授权的组织，可以行使一定的行政许可权，而通过政府规章建立的法定机构不能行使行政许可权。二是行政许可权只能委托给其他行政机关，法定机构不能接受委托行使行政许可权。

我国内地现有 29 家法定机构中，按照法律法规成立的有 3 家，分别是深圳前海管理局、青岛蓝色硅谷核心区管理局、青岛国际邮轮港；依照政府规章成立的有 10 家，分别是广州市南沙新区产业园区开发建设管理局、广州市南沙新区明珠湾开发建设管理局、深圳国际仲裁院、深圳市计量质量检测研究院、深圳公证处、深圳市住房公积金管理中心、南方科技大学、海南国际经济发展局、海南省大数据管理局、海南博鳌乐城国际医疗旅游先行区管理局；依照规范性文件成立的有 16 家，分别是佛山市顺德区社会创新中心、佛山市顺德区人才发展服务中心、佛山市顺德区文化艺术发展中心、佛山市顺德区产业服务创新中心、佛山市顺德区城市更新发展中心、深圳市房地产评估发展中心、深圳市规划国土发展研究中心、上海陆家嘴金融城发展局、深圳国家高技术产业创新中心、深圳市公立医院管理中心、合肥高新区、天津港保税区、天津开发区、天津滨海高新区、天津东疆保税港区、中新天津生态城。按照法律规定，法定机构不能接受行政机关委托行使行政许可权，但是法律、法规授权的法定机构在法定授权范围内，可以以自己的名义实施行政许可。因此，能实施行政许可的有深圳前海管理局、青岛蓝色硅谷核心区管理局、青岛国际邮轮港 3 家法定机构。根据《深圳经济特区前海深港现代服务业合作区条例》《青岛蓝色硅谷核心区管理暂行办法》中的具体规定，这 3 家法定机构承担相应的行政许可职能。例如，深圳前海管理局负责前海合作区内除金融类产业项目以外投资项目（含固定资产投资项目）的审批、核准、备案或者转报管理。

---

① 《行政许可法》第 23 条规定："法律、法规授权的具有管理公共事务职能的组织，在法定授权范围内，以自己的名义实施行政许可。被授权的组织适用本法有关行政机关的规定。"

② 《行政许可法》第 24 条第 1 款规定："行政机关在其法定职权范围内，依照法律、法规、规章的规定，可以委托其他行政机关实施行政许可。"

（二）行政处罚

根据《行政处罚法》第 19 条[①]、第 20 条[②]、第 21 条[③]，以及国务院法制办在《对政府赋予行政管理职能的直属事业单位能否作为法定行政执法主体问题的复函》中的解释，行政处罚权原则上应该由具有行政处罚权的行政机关在法定职权范围内实施，其他未经法律、法规授权，或者未经具有行政处罚权的行政机关依照法律、法规、规章的规定在其法定权限范围内委托的组织，不得实施行政处罚。可见，有权享有实施行政处罚的机关有三种，分别是：第一种，具有行政处罚权的行政机关；第二种，法律、法规授权的具有管理公共事务职能的组织；第三种，受行政机关委托行使一定行政处罚权的受托组织。

法定机构肯定不属于第一类，那么是否享有行政处罚权只能看是否属于第二类或者第三类。法定机构可以属于第二类，但是需注意只有通过地方性法规设立的法定机构才具有行政处罚权，通过政府规章设立的法定机构不能行使行政处罚权。法定机构也可以属于第三类，但是需强调必须是根据法律、法规或者规章的规定，法定机构才可以接受行政机关委托，行使行政处罚权。

（三）行政确认

行政确认，是指行政主体依法对行政相对人的法律地位、法律关系或者有关法律事实进行甄别，给予确认、认可、证明（或者否定）并予以宣告的具体行政行为。行政确认行为的主体是行政主体，只有行政机关以及法律、法规授权的组织依法作出的确认行为才是行政确认，因此，通过地方性法规建立的法定机构可以行使行政确认权。但是，由于行政确认行为的专业性、技术性日益增强，实践中，许多组织基于行政委托、行政合同实施行政确认行为，法定机构可以接受委托行使行政确认权。在 29 家法定机构中，大量的法定机构承担了行政确认的职能。

---

① 《行政处罚法》第 19 条规定："法律、法规授权的具有管理公共事务职能的组织可以在法定授权范围内实施行政处罚。"

② 《行政处罚法》第 20 条规定："行政机关依照法律、法规、规章的规定，可以在其法定权限内书面委托符合本法第二十一条规定条件的组织实施行政处罚。行政机关不得委托其他组织或者个人实施行政处罚。"

③ 《行政处罚法》第 21 条规定："受委托组织必须符合以下条件：（一）依法成立并具有管理公共事务职能；（二）有熟悉有关法律、法规、规章和业务并取得行政执法资格的工作人员；（三）需要进行技术检查或者技术鉴定的，应当有条件组织进行相应的技术检查或者技术鉴定。"

二、法定机构不具有的职权

（一）行政强制

根据《行政强制法》第 17 条 ① 和第 70 条 ② 的规定，能够承担行政强制的行政主体只能是行政机关或者法律、行政法规授权的具有管理公共事务职能的组织。法定机构不属于行政机关。目前看来，我国内地现有的这些法定机构最高的立法层级是省级人大的地方性法规，因此都不属于法律、行政法规授权的组织，我国内地现有的这些法定机构都不能基于授权或者接受委托行使行政强制权。但是，如果未来能够通过国家立法的方式，将法定机构上升为法律、行政法规授权的具有管理公共事务职能的组织，那么法定机构在法定授权范围内，则可以以自己的名义实施行政强制。

（二）行政裁决

根据我国现行法律法规，行政裁决的主体主要是法律、法规授权的行政机关，只有那些对特定行政管理事项有管理职权的行政机关，经法律、法规明确授权，才能对其管理职权有关的纠纷进行裁决，成为行政裁决的主体。如商标法、专利法、土地管理法、森林法、食品安全法、药品管理法等对侵权赔偿争议和权属争议作出规定，授权有关行政机关对这些争议予以裁决。因此，法定机构不能行使行政裁决权。

（三）行政规划、行政命令

由于行政规划、行政命令对某个地区、行业具有全局性、长远性影响，且根据中国香港特别行政区和新加坡法定机构的实践，法定机构主要负责执行政府的决策，我国内地主要学习的也是这两种做法，法定机构不能承担该两项职能。虽然 29 家法定机构中有 1 家涉及城市规划职能，即佛山市顺德自贸区城市更新发展中心，但是中心并没有最终的决定权，其职能主要体现在其专业性和服务性上，协助主要政策部门对城市更新政策的实施提供综合评价及开展相关政策的研究，起到辅助和咨询作用，提供专业服务，而不具有行政规划和行政

---

① 《行政强制法》第 17 条规定："行政强制措施由法律、法规规定的行政机关在法定职权范围内实施。行政强制措施权不得委托。"

② 《行政强制法》第 70 条规定："法律、行政法规授权的具有管理公共事务职能的组织在法定授权范围内，以自己的名义实施行政强制，适用本法有关行政机关的规定。"

命令的职权。

（四）行政征收

行政征收是国家凭借其权力参与国民收入分配和再分配的一种方式，只能由行政机关实施。根据海关法、税收征收管理法等法律法规，海关、税务机关、交通行政部门等才可以成为行政征收主体。因此，法定机构不能行使行政征收权。

综上，根据我国现有法律规定，以及实际运行情况，我国内地法定机构目前的公共管理权限主要包括：一是行政许可权，由地方性法规以及以上位阶的法律设立的法定机构可以享有行政许可权；二是行政处罚权，由地方性法规以及以上位阶的法律设立的法定机构可以享有行政处罚权，根据法律、法规或者规章的规定，接受行政机关委托的法定机构也可获得行政处罚权；三是行政确认权，通过地方性法规以及以上位阶法律设立的法定机构可以享有行政确认权，基于行政委托、行政协议授权的法定机构也可以实施行政确认权。

三、法定机构承担的行政责任

如前所述，从法律属性、法律特征、权力来源、起源发展上来说，法定机构是公法人，是拥有公权力的行政主体，因此法定机构符合行政诉讼和行政复议的被告标准，可以作为行政诉讼和行政复议的被告。正如英国历史学家阿克顿爵士的名言"权力易使人腐化，绝对权力使人绝对腐化"[1]，法定机构作为特定领域内部的自我管理组织，享有一定的公共事务的管理权限，这种职权也具有所有权力的共同之处，即存在被滥用的可能性。法定机构作为特定范围内群体整体利益的代表，当法定机构的管理权为少数会员企业所垄断，内部的民主机制被破坏的时候，内在的规章制度和程序都将失去效用。它有可能成为谋求个体利益的工具，而失去了其公共组织应有的效能。这时，来自法定机构外部的监督和制约就显得必不可少了。因此，无论从应然上还是实然上，法定机构的被告资格既是法定机构的法律地位的必然要求，也是督促法定机构依法履职的实际需要。

---

[1]　Mellon，E，"Executive Agencies：Leading Change from the Outside"，Public Money & Management，Vol. 13，Issue 2，1993，p. 25，31.

根据《行政诉讼法》第 26 条第 5 款[①]和最高人民法院《关于执行〈中华人民共和国行政诉讼法〉若干问题的解释》第 20 条第 2 款[②]的规定，法律、法规或者规章授权的法定机构在授权范围内实施的行政行为，当事人不服可以提起诉讼；如果是法定机构超越授权的种类实施的行政行为，属于种类越权，应以法定机构为被告；如果该组织超越行政处罚的幅度实施行政行为，属于幅度越权，则仍以作出委托的行政机关为被告。根据《行政复议法》第 15 条第 3 项[③]和《行政复议法实施条例》第 14 条[④]规定，通过地方性法规建立的法定机构属于法律、法规授权的组织，公民、法人和其他组织可以对其具体行政行为提起行政复议；通过政府规章建立的法定机构，属于受委托组织，对其做出的影响管理相对人权利义务的行为，可以向作出委托的政府及其部门提出行政复议。

严格按照我国现有相关的法律规定，可以看到：当法定机构获得法律法规的授权时，它行使的权力当然是公权力，这时，它跟国家行政机关所行使的权力的性质并没有本质的区别，所以它可以作为行政诉讼的被告参加诉讼。但是，当法定机构接受委托行使公权力时，它作为被委托的组织，实质上是作出委托的行政机关的代表，这时，它可以看作是行政机关的延伸，但真正的权力行使者还是作出委托的机关本身，法定机构只是"代为行使"，根据委托的一般原理，应当仍然将作出委托的机关作为被告，因为作出委托的机关才是公权力的真正行使者，值得注意的是，它是通过委托的方式在行使手中的公权力。既无授权又无委托时，对于特别权力关系的内部公权力关系，具体法定机构的内部人事管理制度，一般不可诉。

从实践来看，我国内地现有 29 家法定机构（其中有 6 家正在筹备中）中，仅有 3 家是法律法规授权的组织，其余 26 家中 10 家是政府规章授权的、16 家

---

① 《行政诉讼法》第 26 条第 5 款规定："行政机关委托的组织所作的行政行为，委托的行政机关是被告。"

② 最高人民法院《关于执行〈中华人民共和国行政诉讼法〉若干问题的解释》第 20 条第 2 款规定："法律、法规或者规章授权行使行政职权的行政机关内设机构、派出机构或者其他组织，超出法定授权范围实施行政行为，当事人不服提起诉讼的，应当以实施该行为的机构或者组织为被告。"

③ 《行政复议法》第 15 条第 3 项规定："对法律、法规授权的组织的具体行政行为不服的，分别向直接管理该组织的地方人民政府、地方人民政府工作部门或者国务院部门申请行政复议。"

④ 《行政复议法实施条例》第 14 条规定："行政机关设立的派出机构、内设机构或者其他组织，未经法律、法规授权，对外以自己名义作出具体行政行为的，该行政机关为被申请人。"

是规范性文件授权的。笔者在对这 29 家法定机构的实地调研中发现，之所以采用不同立法层级的成立方式，主要是考虑到立法成本的因素。3 家法律法规授权的组织，所在地是深圳、青岛，这两个城市都享有优势。深圳是经济特区，在立法上享有特区优势；青岛是计划单列市，也享有立法优势，所以他们选用地方人大立法或授权的方式通过法定机构的法律规范，相比其他地区具有可行性和可操作性。我们都知道法定机构采用法律法规的设立方式是最优的，这能够给法定机构最好的法律保证，最能站得住脚，所以有条件的地区采用此种方式，是最合适不过的。但是，并不是所有设立法定机构的都是省、自治区、直辖市、特区或者设区的市，其人大能够享有立法权，例如，很多区一级的人大就不具有立法权，只能采用规范性文件的方式。还有一部分法定机构采用了政府规章的方式，这主要是出于节约立法成本、提高效率的考虑，但是其权力范围和职能目的同地方性法规设立的法定机构是相同的，只是人大立法要有一系列复杂的程序，所以采用相对便捷的政府规章授权的方式。本书认为，出于对法定机构的权力监管和相对人权利救济的需要，规章授权的法定机构是可以同法律法规授权的法定机构承担相同的法律责任的，都可以成为行政诉讼和行政复议的被告。16 家法定机构是通过规范性文件设立的，虽然也是出于这样那样的原因，选择了最高效率和最可行的设立方式，但是从本质上看，它们行使的职权仍然属于公权力，很多法定机构承担了公共管理职能，如果不将其列入被告，极容易产生法律的漏洞。从保证法律的有效统一来看，本书认为，这 16 家规范性文件设立的法定机构，对于属于规定在其设立文件中的法定职责的，应该承担被告责任；对于不属于其设立文件中的法定职责的，属于越权之诉，也应承担被告责任；对于不在法定机构的法定职责范围内的，受行政机关委托行使的职权，应以作出委托的行政机关为被告。

第三节 法定机构的管理和运行

在满足法定机构设立的前提条件下，在合适的区域和合适的领域中，依法设立、严格登记后，法定机构终于设立了。下一步的任务就是要讨论法定机构的实际操作和运行过程，虽然万事开头难，好的筹备建立工作是成功的前提，但是接下来的运行操作过程也同样不可忽视，毕竟法定机构能否圆满达成组织目的，关键还是在实践效果上。在法定机构的运行环节中，要重点关注三个问题：法定机构的组织架构，法定机构的内部管理体制，法定机构的监管体系。

一、组织架构：法人治理结构

法定机构的组织架构通常采用法人治理结构，分为"决策层—执行层—监督层"。从法人治理结构上看，"决策层—执行层—监督层"的三方治理监督结构是法定机构治理结构的标配。法定机构治理结构的核心是对重大事项进行决策的决策层，通常由理事会[①]负责，各内设机构要按期向理事会汇报运行情况和绩效情况，接受理事会和监事会的监督。理事会是决策层的组织形式，由法定机构职责任务对应的主要政策部门、相关政策部门、服务对象、行业组织等利益相关方的代表，法律、财会等专业人士以及法定机构行政负责人组成，审议和决定法定机构的基本制度和重大事项，监督执行层执行理事会决议，对公共利益负责。理事会设立专门委员会。执行层由行政负责人及其副职组成，负责执行理事会的各项决议，组织开展各项业务活动，管理法定机构的人事、财务、资产等日常事务。监管层的相关内容将在下文"法定机构的监管"中展开。

以香港特别行政区贸发局为例，其理事会19名理事为香港四大商会、银行业工会代表，旅游发展局代表，政府代表和业界代表，理事会从主席至理事均不受薪工作。在法定机构理事会人员构成上，公务员及有政府背景官员仍然为理事会成员的主力，理事会主席或副主席绝大多数是有政府背景的官员。由于法定机构重大事项均由理事会决策，虽然在立法上法定机构脱离了与上级行政主管部门的直接隶属和归口关系，但其理论上的独立性仍难名副其实。例如，上海陆家嘴金融城发展局由业界精英和行业专家构成，是全国第一个将"业界共治"概念引入治理结构的法定机构，但由企业家组成的理事会对法定机构的决策权和发言权的分量多重仍是未知数。

[①] 目前，法定机构决策机构在实践中的名称不一，在广东佛山顺德自贸区内的5家法定机构中被称为理事会，在中国香港特别行政区的法定机构中被称为理事会或董事会，在新加坡的法定机构中被称为董事会，美国的独立机构则实行委员会制。考虑到法定机构具有半政府半企业的性质，本书认为"理事会"的名称更为妥帖。

表 3-1　部分法定机构的运行机制

法定机构	法人治理结构		
	决策层	执行层	监督层
深圳前海管理局	前海开发建设领导小组，负责确定前海深港现代服务业合作区的发展战略、中长期规划，决定重大事项、监管前海管理局	前海管理局，具体负责日常管理和运营	前海廉政监督局，合并纪委、监察、检察、公安、审计等多部门的监督职能，形成大监督格局
青岛蓝色硅谷核心区管理局	理事会，主席由市政府分管负责人担任	蓝色硅谷核心区管理局	监事会
上海陆家嘴金融城发展局	理事会，由新区政府联合业界设立，成员中业界代表占比90%以上，外资机构占比30%	陆家嘴金融城发展局，接受政府部门和理事会的双重评价	区人民政府依法对发展局（理事会秘书处）、发展基金的运作和管理进行监督，并可以引入独立第三方机构参与监督。区人民政府监察、财政、审计等部门依照法律法规，并根据理事会、发展局、发展基金的章程开展财务审计和绩效评估
广州南沙新区产业园区开发建设管理局	决策委员会，由管委会领导、管理局局长和区政府有关部门主要负责人等9人组成，条件成熟后可以吸收第三方进入决策委员会，行使法定机构重大事项的决策权和监督权	管理层，由局长和副局长组成，负责执行决策委员会的决定及内部管理工作。管委会对于人事、薪酬等特别重大事项具有最终的决策权	外部监督机制：管委会和区人民政府履行外部监察机制 内部监督机制：内部风险防控、审计和廉洁监督机制 信息公开：建立信息公开制度，接受社会的监督

　　综上，我们发现，从实质上看法定机构的构架与现代公司相似，二者的对比见表 3-2。

91

表 3-2　法定机构与现代公司架构相比

	法定机构	现代公司	主要职责
决策层	理事会 / 委员会	董事会	对上级负责，行使重大事项的决策权和监督权。设 9—13 席，理事会主席 / 董事长负责召集会议等。不低于 1/3 席位由相关专业经验的社会人士（独立董事）担任。议事投票表决。所有理事皆为兼职，薪资由上级政府发放，不在法定机构授薪，保持独立性
执行层	发展局 / 管理局	CEO	对理事会 / 董事会负责，负责执行决策委员会的决定及内部管理工作。可以面向全球招聘优秀人才，并按任务需求，自主组建部门与团队
监督层	监事会	监事会	对上级负责。监督法定机构 / 现代企业、理事、雇员履行职责的合规合法性，维护公共权益

二、内部管理：企业管理方式

从内部管理的制度匹配上看，法定机构批准设立的过渡期内，身份管理、人员聘用、退休待遇、薪酬和绩效管理均存在着衔接上的特殊做法。

1. 在身份管理上，建议通过过渡期进行分步推进

成立法定机构前，人员身份多元化，公务员编制、行政编制、事业编制、劳务派遣制等同时存在。改革为法定机构后，企业化运作要求法定机构除与主管部门认定的主要负责人外，统一与员工签订劳动合同。在过渡期内，我国很多的法定机构改革都采用了深圳前海管理局的做法，即分类管理方式。以深圳前海管理局为例，分类管理方式是指在管理层的身份管理上，由市政府任命深圳前海管理局的局长，局长能够保留公务员身份，保留行政人员的晋升方式，担任深圳市党委委员。副局长的任命由局长提名，然后由市委组织部任命。在员工层，因为涉及老员工，采用双轨制，给予员工一年的过渡期考虑是愿意回到机关单位，还是留在深圳前海管理局，留下的人不再属于公务员编制。目前法定机构改革中暂时还没有两种制度并存运行的先例，即任职期间既可以按聘用员工身份市场化取酬，退休时又可以享受同级公务员身份的退休待遇，要求员工必须在过渡期内作出去还是留的选择。

2. 在人员聘用上，独立法人的机构属性打破了人才招聘障碍

法定机构与其工作人员签订聘用合同，规定任期，明确岗位，以岗定薪，绩效调节。深圳前海管理局表示"不让老实人、工作成绩突出的人吃亏"，访谈中深圳前海管理局内部人员指出深圳前海管理局职员薪酬丰厚。丰厚的薪酬

待遇和福利成为法定机构吸引人才的法宝。前海深圳管理局和南沙产业园成立后，顺利解决了港澳人才的聘用问题，通过有竞争力的薪酬留住了多元化的专业人才。

3. 在退休人员的待遇上，建议具体问题具体分析

由于企业养老的视同缴费指数可能低于机关养老的视同缴费指数，使"中人"在视同缴费阶段的缴费指数降低。尤其对于缴费年限较短的人员可能存在养老金替代率较低的情况。退休待遇的差异会带来一定的改革阻力。目前很多法定机构还没有披露具体的社保衔接做法。本文建议，可通过法定机构自筹资金的方式，为"中人"建立补缴企业年金的保障机制，补缴的补贴进入企业年金个人账户。同时，也可以为法定机构工作人员购买商业保险（补充商业医疗保险等）。

4. 在薪酬和绩效管理上，较为彻底地实现了以岗位和贡献取酬，但薪酬结构仍有待优化

法定机构依法由主管部门确定领导职数、薪酬总额和员工总额，但是在薪酬的具体分配，以及各机构人员配比上，享有自主权，具有灵活性。因享有独立的人事权，所以在薪酬水平上能够对标市场，更具竞争力，也能够实现同岗同酬。但是，在薪酬结构上，虽然其绩效部分结合了整体和部门绩效，但浮动比例较低，同时鲜有面向经营成效和企业综合评议的考核维度，导致在绩效部分收入的激励性和压力传递均不足。

三、法定机构的监管：全方位监管体系

法定机构具有半政府半企业的性质，既履行公共管理和公共服务职能，又采用企业化的管理方式，拥有自治性和灵活性，这种情况下更需要建立全方位的监管体系，否则法定机构所具有的弹性空间很容易成为腐败的高发地。

（一）经费预算监管

从世界各地法定机构的实践来看，法定机构的资金来源有三种：一是全部来自国家财政。主要针对公共管理类的法定机构，为了保障这类法定机构全心全意提供优质的公共管理或公共服务，给予这一类法定机构全额财政拨款。这一类机构受到政府的财政牵制，与主管部门联系密切，因此去行政化往往是其能够成功发展的关键。二是部分财政拨款。法定机构成立初期依靠政府财政拨款，等时机成熟后，通过市场化的运作，实现自收自支。三是自筹经费，主要是指公共服务类的法定机构，这一类法定机构提供专业的公共服务，获得收

益，以收定支，实现自筹经费。例如，上海陆家嘴金融城发展局的运营经费主要来源于浦东新区人民政府购买服务经费、上海陆家嘴金融城发展局的资产收益和经营收入等，各项所得除维持上海陆家嘴金融城发展局正常运转外，应当用于事业发展，不得进行分配。可见，法定机构的经费来源形式多样，包括财政拨付、政府资助、服务收费、交易收费、基金收益等，甚至还可以进行资本市场的融资。法定机构在运作管理上与经费收入挂钩，使用绩效管理、目标评估、成本控制方法来提高绩效，比传统的行政部门有更大的自治性和灵活性。

从我国内地目前 29 家法定机构的实际运行来看，他们的经费来源在运作初期一般以财政拨款为主。运作成熟后，其经费由财政拨款与自筹相结合。自筹经费（市场化收入）由土地出让、租赁等资产收益和经营收入组成。这种依靠财政拨款为主的方式，也让理论界对法定机构的独立性产生质疑。虽然在文件中法定机构拥有"财政和用人的自主权"，但是由于法定机构有很大一部分资金是通过政府财政预算支持的，所以政府很容易对法定机构进行控制，使得在法定机构的试点前期法定机构的自主权限难以落实。例如，深圳前海管理局自 2011 年成立起到 2016 年，这 5 年的时间并未实现自收自支，其预算也还是纳入市级财政年度预算。

（二）多层次的监督体系架构

建立全方位的多层次监管体系：一是内部监管。通过法定机构的"决策层＋执行层＋监管层"的法人治理方式，定期向法定机构的理事会和监事会汇报工作情况和审计报告，接受监督和评价。二是法律监管和纪律监督。法定机构要受到设立法定机构之法的监督，运行和工作要严格按照法律规定进行，不能突破法律法规授予的职权范围，也不能违反法定程序。接受来自政府的监察部门的监督，为违法违规行为接受制裁。三是人事监管。通过选任负责人并听取其工作汇报，对法定机构经营管理方向的控制，使法定机构完全贯彻政府的方针政策，从而实现政府对它提出的经营管理目标。四是财务监管。审计局对法定机构的财务账目进行定期的审计。五是社会监督。法定机构应该定期将履职情况公开，接受社会各界的监督，公开方式可以是负责人的公开述职，也可以以报告（月报、季报、年报）的形式定期公开。

（三）建立"决策层—执行层—监督层"的监督制约机制

法定机构的监督体系要体现其公法属性和私法属性的融合，要在保证实现对法定机构的监管和发挥法定机构的自治性之间达到一个平衡点，也就是适度的适距控制。因为法定机构具有公法属性和私法属性，法定机构的监督也要体现私权监督和公权监督。私权监督，要通过法定机构的法人治理机制来实现，发挥理事会中的不同各方利益体之间的平衡和制衡，更要发挥监事会在法定机构运行机制中的监督作用，维护法定机构的合法权益。在公权监督上，法定机构受到立法机关、行政机关、司法机关、监察机关、审计机关等多方面的监督，负责人要定期向主管部门述职，相关的监察部门和审计部门也会定期对其评估，而且法定机构也要定期向社会公开财务报表，接受监督。因此，法定机构的监督机制，是动态平衡的，在决策上，要体现公权的监督，不能突破政策和法律，要体现对公共利益的维护；在执行上，法定机构的法人治理机制也需要充分发挥作用，理事会中的各方要共同参与，不能搞独权，要协同互惠；在监督上，不仅受到法定机构内部的监事会的监督，还要接受党的领导，以及相关政府部门、司法部门、审计部门的监督。

（四）可以考虑设立容错机制

考虑到法定机构的特殊性，在监管体系中可以建立容错机制，例如，广州南沙新区产业园区建设管理局就建立了容错机制，在《中国（广东）自由贸易试验区条例》中设立了容错免责条款，改革要容许试错，这符合国家深化改革的大政方针。对于在程序上符合法律法规规定，没有谋私的故意，因为客观原因造成未实现预期目标的，不给予负面评价，不追究责任。容错机制的建立主要是考虑到，法定机构在我国行政体制改革的实践中属于创新型改革，创新型改革与延展型改革相比，难度较大，风险较高。一是政府放权的尺度不容易把握，放得太多，减弱自身宏观调控能力；放得不够，法定机构发展活力释放不充分。二是开发区、自贸区与法定机构之间的事权划分难度大，哪些事权划分给政府，哪些事权划分给法定机构，需要科学分析，精准操控。三是法定机构要相应进行管理职能、管理方式与机构设置等方面的改革，以便能承接好政府转移的管理职能，切实达到能加快自身发展的目的。上述三个环节中，哪一个环节搞不好，都会适得其反，影响改革与发展的全局，因此在一些试点的地区给法定机构设立容错机制，在一定程度上也是考虑到有利于激发大胆尝试和创新的热情，减轻法定机构内部人员的改革畏难情绪。

第四节　法定机构的终止

任何一个组织体，有诞生就会有消亡。法定机构也不例外，要构建一个完整的法定机构理论体系，就一定要包括法定机构的终止制度。终止制度具体指终止条件、终止方式和终止后所产生的法律后果。明确法定机构的终止制度，真正体现了法定机构的法定性，法定机构的成立要求是法定的，其终止也必然要求是法定的，这样才是一个完整的法定机构基本制度的构建。因此，本节将从法定机构的终止事由、法定机构的终止方式和法定机构终止的法律后果三个方面展开，希望为法定机构终止制度的构建提出一套具体方案。

一、法定机构的终止事由

组织机构的终止事由有两种模式可以参照，一种是企业的模式，另一种是公共组织机构的模式。企业是以营利为目的，终止的事由有资不抵债、撤资，终止方式有清算、宣告破产等，但是如前所述，法定机构并不以营利为目的，从某种意义上说法定机构属于半政府半企业，法定机构的半企业性只是体现在它的管理方式上，从本质上它仍是国家间接行政的重要方式。从学术和实践公认来看，普遍认为组织机构的终止事由同组织机构的设立目的能否达成息息相关。因此，法定机构的终止事由应该也同组织目的相关。如前所述，法定机构具有公共目的性，设立目的是公共利益，其终止事由应采用公共组织机构的方式，终止事由也要以公共利益为依据。

法定机构的终止主要要考虑到成立法定机构时所要达成的公共目的是否已经达成，如果已经达成并且法定机构已经没有存在的必要了，就可以终止。此外，还有一种终止事由，就是法定机构与其他组织合并。如果组织合并，那么自然原先的法定机构就终止了，合并新组织的事由一定也是更加有利于公共目的的达成。最后一种终止事由，就是法定机构的分立，即由一家法定机构分立为两家或者多家机构，原有的法定机构自然消灭，分立后的机构能够更好地满足公共利益的需要。当然，为了避免公共利益的滥用，避免随意以公共利益为说辞终止法定机构，建议在成立法定机构之法中明确法定机构的终止事由，界定好公共利益的内涵，而且不能随意变更。

二、法定机构的终止方式

在我国，目前法定机构的登记方式主要还是事业单位法人，在法定机构的终止方式上，从法律法规的要求也应该按照事业单位的撤销方式进行，按照《事业单位登记管理暂行条例实施细则》第5条①、第51条②、第52条③、第53条④、第54条⑤和第55条⑥的规定来进行撤销。参照事业单位撤销方式，法定机构依法被撤销后，应当在举办单位和其他相关机关的指导下，成立清算组，完成清算工作。法定机构自清算结束之日起15个工作日内，向登记管理机关申请注销登记并提交相关文件。登记管理机关核准注销登记后，应当收缴注销法定机构的正、副本及单位印章，并发布注销登记公告。法定机构法人自核准登记之日起终止。需要特别说明的是，企业破产法中规定的对象是企业，并没有规定事业单位法人可以通过破产的方式来进行清算。关于该点，以申请破产清算为案由，事业单位为关键词，在无讼案例上检索到20个案例，关联案例1个。（2017）鲁1329破申21号裁决书中，法院认为，申请人某良种繁育场系事业单位法人，不是企业法人，不符合企业破产法关于申请破产主体的规定，故对申请人提出的破产清算申请，不予受理。所以，参照事业单位，法定机构也不能采用破产清算的方式。从我国目前阶段来看，法定机构是基于公益目的而存在，但是法定机构可能因各种原因无法继续而结束其存在。法定机构因其性质不同于企业，故不能通过破产的形式进行清算，但是仍应按照有关事业单位清算法律法规进行清算。关于法定机构的清算问题，可以参照《事业单位财务规则》第九章，在主管部门和财政部门的监督指导下，对单位的财产、债权、债务等进行全面清理，编制财产目录和债权、债务清单，提出财产作价依据和债权、债务处理办法，做好资产的移交、接收、划转和管理工作，并妥善处理各项遗留问题。法定机构注销前的清算制度是保护债权人利益的一种理想化的制度，要求法定机构清偿所有的债务才能完成注销清算。在法定机构自身不能清偿债务时，除非举办单位愿意代为清偿，否则清算程序将会停止，法定机构也将不能注销。

三、法定机构终止的法律后果

法定机构被终止后，应按照法定程序成立清算小组，对法定机构的资产、债权、债务进行全面清算。在清算期间，法定机构的法人资格还存在，与其产生的诉讼纠纷，应由清算组以法定机构的名义，代表法定机构来参加。

法定机构的法定终止会产生两种法律后果：一是法定机构法人身份的消灭，随之而来其相应的民事权利能力和民事行为能力也终止，不再有从事民事活动的能力。二是法定机构所具有的职权、职责消失，完全失去行政关系。法定机构终止会出现两种情况：一是原法定机构的职能还存在只是转移或者合并给了另外的组织机构。二是原法定机构的任务目的已经完全达到，法定机构的职权、职责也彻底消失，不复存在。

第四章

自贸区内法定机构的实例分析

如今，法定机构作为我国社会转型和行政改革的重要手段，已在中国大地生根发芽，特别是在自贸区内，法定机构为机构改革的主要形式。本章将结合国内外法定机构的特点，重点分析我国内地正在试点的 29 家法定机构的基本情况和发展方向，理论从实践中来，通过总结他们的做法和经验，为实现我国法定机构的理论构建打下坚实基础。

第一节　我国内地法定机构的引入、发展

我们可以把法定机构比喻成一粒种子，飘扬过海来到中国的土壤上生根、发芽、开花、结果，为了生存下来，它不断随着中国的气候、土壤进化，成为具有中国特色的法定机构。

一、小政府大社会的需求

中国的行政组织发展，以 1978 年改革开放为分界点分为两个阶段。1978 年之前，是计划经济为主的时期，当时市场经济不活跃，单位是最主要的社会组织形态。在这种条件下，国家直接行政是唯一的方式，国家具有极强的组织和动员能力，社会组织的形式和产生简单又很少。[①] 在这种单一的社会结构中，人

---

　　① 参见汪玉凯:《公共管理与非政府公共组织》，中共中央党校出版社 2003 年版，第 84 页。

们普遍依附于自己的单位，单位就是一个小社会，因为在那个时期有很多大单位，办幼儿园、办老年班、办银行、办体育馆等，一个人基本上可以在单位中完成所有社会活动，这种高度一致性和同质化，使得社会分工越来越缓慢，人们的社会圈也越来越封闭，不利于国家和社会的发展，从长远上看也不利于人们生活质量的提高。改革开放后，旧有的官僚同构模式已经不再适应当下经济的发展，社会转型、行政改革成为社会发展的主题。党的十九大报告指出，我国社会主要矛盾已经转化为人民日益增长的美好生活需要和不平衡不充分的发展之间的矛盾。可见，经济的快速增长、社会需求的增多、民众服务的需要，对政府提出了越来越多的要求，改革开放前传统的简单划一以单位为社会组织形态的行政管理方式已经适应不了，必须作出变革，特别是中国加入世界贸易组织后，面临着与国际接轨、思想观点的冲突，这些都告诉我们传统的行政管理体制已经落后了，需要重新整合出新的一种行政管理方式——国家间接管理方式。

二、深化行政体制改革的动机

迄今为止，按照经济体制改革和经济社会发展的需求，我国先后经历了七次大的机构改革，其中既有内生的需求，也有外在的压力，主要包括：

第一次是 1982 年，以"精兵简政"为目标的改革。但是，因为当时市场经济并不成熟，随着经济的不断发展，为了适应经济和社会发展的需要，又成立了很多新的部门，"精兵简政"陷入减了增、增了又减的怪圈。

第二次是 1988 年，首次提出"转变政府职能"这一命题的改革。这次改革认识到政府职能转变与否已成为衡量机构改革成效的一个新的重要标准，而且也成为行政体制改革由简单的数量调整到体制创新的重要标志。

第三次是 1993 年，初步提出行政体制应适应市场经济需求的改革。此次改革继续推动机构改革和人员精简。

第四次是 1998 年，进一步明确转变政府职能的改革。此次机构改革的目的是进一步为政府职能转变提供广阔的空间，推进国有企业的改革，缩小国有企业规模，实现政企分开，并在经济部门改革后的国营企业监管问题上进行探索。

第五次是 2003 年，以调整内部机制、完善宏观调控体系为目标的改革。此次改革专注于解决政府管理中的权责问题，从精简机构和人员转变为少量精简机构，主要为调整内部机制。

第六次是 2008 年，以大部制为核心的整体结构的改革。此次机构改革对政府机构职能以大部制体制为主要目标进行调整。

第七次是 2018 年以来新时代的机构改革。此次机构改革要求深化党和国家机构改革，让改革发生化学反应。[①]

机构改革是一场自我革命，是一场国家治理现代化的深刻变革。2019 年 7 月 5 日，深化党和国家机构改革总结会议召开，会议指出深化党和国家机构改革是对党和国家组织结构和管理体制的一次系统性、整体性重构。综上，改革开放后这七次大的机构改革，大致可以分为三个阶段：第一阶段（1982~1998 年）是以精简机构为目的；第二阶段（1998~2003 年）是以政府职能转变为目的；第三阶段（2008 年以后）是以推进国家治理能力现代化为目的。中国本土法定机构正是在第三阶段国家治理能力现代化的土壤中孕育而出的。

三、事业单位改革的探索

引入法定机构的初衷，是将其作为事业单位在我国改革中的探索。1978 年提出事业单位进行"事业化体制、企业化管理"。从 20 世纪 80 年代开始直至 21 世纪初，中央、各地方都出台过若干体制改革、事业单位分类改革的相关文件，例如，1985 年出台的中共中央《关于科学技术体制改革的决定》、中共中央《关于教育体制改革的决定》，1996 年出台的中央机构编制委员会《关于事业单位机构改革若干问题的意见》，2006 年制定的中央机构编制委员会《关于事业单位分类及相关改革的试点方案（征求意见稿）》等。党的十八届三中全会中共中央《关于全面深化改革若干重大问题的决定》中明确要加快事业单位分类改革，理顺各方关系，建立事业单位法人治理结构，加大政府购买公共服务力度，建立各类事业单位同意登记管理制度。

《关于深化行政管理体制改革的意见》开始倡导小政府大社会，这成为了法定机构产生的契机。中央编办印发的《关于事业单位分类试点的意见》也指出事业单位改革的方向应是推进事业单位分类改革，按照政事分开、事企分开和管办分离的原则，对现有事业单位分三类进行改革：主要承担行政职能的，逐步转为行政机构或将行政职能划归行政机构；主要从事生产经营活动的，逐步转为企业；主要从事公益服务的，强化公益属性，整合资源，完善法人治理结构，加强政府监管。

---

① 参见潘小娟：《中国政府改革七十年回顾与思考》，载《中国行政管理》2019 年第 10 期。

深圳是中国最早设立的四个经济特区之一，毗邻中国香港特别行政区，在利用外资发展经济方面，具有得天独厚的条件。经济的快速发展，以及自贸区对外贸服务的需求，成了催生法定机构的土壤。实践的需求，让深圳市学习借鉴临近的中国香港特别行政区的法定机构。2011年，深圳前海深港现代服务业合作区依据深圳市地方性法规《深圳经济特区前海深港现代服务业合作区条例》设立了国内首个法定机构，即深圳前海管理局，这个法定机构是在自贸区内产生的。该局设11个处室、3家全资控股公司，其所在自贸区成为全国首个采取法定机构模式推动区域开发的自贸区。随后法定机构如雨后春笋般诞生，2012年成立首个法定机构的大学——南方科技大学，2015年成立首个北方的法定机构——青岛蓝色硅谷核心区管理局，2016年成立首个以企业法人登记的法定机构——上海陆家嘴金融城发展局，等等。

从法定机构在我国生根的契机发现，我国试行法定机构的目的主要在于以下三点：一是不通过扩张政府规模就能满足人民日益增长的美好生活需要；二是改进国家管理方式，实现国家治理能力现代化；三是事业单位改革发展探索。基于以上三点，法定机构在我国有了成长的土壤，从而不断发展壮大。

四、开发区、自贸区的创新发展

如果说事业单位分类改革，给了法定机构这颗种子在中国的土壤上着陆的机会，那么真正让法定机构生根、发芽、开花并最后结果的，就是开发区、自贸区创新发展的需求。

自贸区是指"一国的部分领土，在这部分领土内运入的任何货物就进口关税及其他各税而言，被认为在关境以外，并免于实施惯常的海关监管制度"。2013年试验至今，党中央、国务院已决定设立中国（上海）自由贸易试验区、中国（广东）自由贸易试验区、中国（天津）自由贸易试验区、中国（福建）自由贸易试验区、中国（辽宁）自由贸易试验区、中国（浙江）自由贸易试验区、中国（河南）自由贸易试验区、中国（湖北）自由贸易试验区、中国（重庆）自由贸易试验区、中国（四川）自由贸易试验区、中国（陕西）自由贸易试验区、中国（海南）自由贸易试验区、中国（山东）自由贸易试验区、中国（江苏）自由贸易试验区、中国（广西）自由贸易试验区、中国（河北）自由贸易试验区、中国（云南）自由贸易试验区、中国（黑龙江）自由贸易试验区、中国（北京）自由贸易试验区、中国（湖南）自由贸易试验区、中国（安徽）自由贸易试验区，共21个自贸区。自贸区的职能就是依托现有经国务院批准的新区、园区，紧扣制度创新这一核心，对接国际标准，对外开放，刺激经济发展。对于一些新型的做法和试点，可以在自贸区内先行先试。

开发区是经济技术开发区的简称，开发区既着眼于产业发展的规律，又着眼于区域发展规律，给进入园区的企业一定的优惠政策，例如优惠提供工业用地、税收减免政策等，致力于突出产业的集聚优势，服务本区域内企业的迅速发展。

可见，自贸区、开发区制度创新的目的、先试先行的理念，以及对国内外优秀人才的吸引，这些都促成了法定机构在自贸区和开发区最先成功实践，成为推动法定机构发展的重要媒介。

五、国家治理现代化的实现途径

国家治理现代化是国家治理体系和治理能力现代化的总称，于2013年在十八届三中全会上第一次提出，在2019年的十九届四中全会上被上升为全党战略任务，并提出了"三步走"的总体目标，即第一步到2021年，在制度更加成熟更加定型上取得明显成效；第二步到2035年，制度要更加完善，基本实现国家治理现代化；第三步到2049年，全面实现国家治理现代化。国家治理现代化的"三步走"，也是对我国法定机构发展提出的阶段性的绩效目标。可以说，我国法定机构的发展是国家治理现代化的重要方面。要实现国家治理现代化，必然需要政府职能方式的转变和行政体制的深化改革，法定机构无疑是达成这一目标的重要途径。

十九届四中全会中共中央《关于坚持和完善中国特色社会主义制度、推进国家治理体系和治理能力现代化若干重大问题的决定》指出，要坚持改革创新，要鼓励人才创新，激发社会活力。国家治理现代化落脚点在现代化，实现现代化，要求灵活性和创新性。法定机构作为新型的组织机构，一方面，具有灵活性，能够突破政府部门的壁垒，在人才选聘和绩效考核上具有更大的选择权，能够吸收优秀的国内外人才，同时打破编制的稳定，运用企业的人事管理方法，能者上庸者下，不断激励人才去创造价值；另一方面，具有独立性，法定机构之法是法定机构安身立命的根本，法定机构要严格按照此法规定的活动范围、活动方式、活动考核来活动，而不是传统的行政命令和上级命令，这也体现了法治的要义。而且，随着法定机构实践的发展，理论层面的研究也越来越深入，法定机构已经成为民法和行政法的重要契合点，将民法的法人制度同行政法上的行政主体理论相结合，赋予其独立行政法人的法律地位，不仅对于丰富中国特色社会主义法治具有重要意义，也体现"中国之治"的要义。

综上，法定机构对于我国来说是一个舶来品，法定机构的起源是西方社会在科层制高度集中后，意识到科层制的弊端，因此以反科层制为重心的政府革新。我国有我国的国情，法定机构的引入不仅是为了应对科层制的弊端，当下我国内地29家法定机构的成立，更多的是为了满足开发区和自贸区在吸引人才、管理创新、经济发展上的新需求，对原有管理方式进行改革，引入企业的法人治理方式，从而不断提高服务和管理绩效水平，增强开发区、自贸区在全球经济中的竞争力。因此，我国的法定机构具有半政府半企业的性质。虽然我国法定机构和西方社会法定机构在路径和制度安排上各不相同，但是趋势中蕴含着共性，法定机构制度与国家治理现代化要求的创新具有高度一致性。所以，学习借鉴法定机构制度是必然的，但是借鉴不等于照抄照搬，必须结合我国国情，进行适当变化。从我国现阶段的行政体制改革而言，需要让改革发生化学反应，法定机构所倡导的绩效性、灵活性等与我国行政体制改革的方向有一致性，已非绝对意义上的他山之石，而是根植于我国现实的需要。因此，在法定机构的实践中，一定要考虑到我国的国情，作出中国化的适当调整，否则极有可能会出现"江南为橘，江北为枳"的结局。

第二节　我国内地29家法定机构的试点情况

在我国内地，法定机构出现较晚，最早成功设立法定机构的是深圳前海自贸区。2010年，深圳前海管理局正式挂牌，至此，深圳前海管理局成为了我国首家负责区域开发和综合管理的法定机构。随后，广东顺德自贸、上海陆家嘴金融城等也持续加快推进法定机构试点工作的落实。本书从理论构建和中国实践的两个角度，进一步分析法定机构的基本制度，通过总结目前29家法定机构试点，剖析其各自的运行特点和普遍共性，为我国未来其他地区法定机构的设立与运用提供理论支持和实践指导。截至2020年，我国内地有29家法定机构，具体名称及基本情况见表4-1。

表 4-1　截至 2020 年我国内地 29 家法定机构基本情况

法定机构	立法依据	负责人	成立意义	登记方式	运行机制	主要职责	监管体制	经费来源
深圳前海管理局	2010 年 2 月，深圳市机构编制委员会办公室印发《关于成立深圳市前海深港现代服务业合作区管理局的通知》；2011 年 6 月，深圳市人大常委会通过《深圳经济特区前海深港现代服务业合作区条例》（经济特区立法）；2011 年 9 月，深圳市政府常务会议以政府令的形式通过《深圳市前海深港现代服务业合作区管理局暂行办法》	市政府任命，试用期 1 年，任期 5 年，可以连任	中国内地首个区域治理型法定机构	机关法人，与中国（广东）自贸区深圳前海蛇口片区管委会实行"两块牌子，一套人马，一体化运作"	决策层：前海开发建设领导小组；执行层：前海管理局；监督层：前海廉政监督局	负责前海合作区的开发建设、招商引资等园区内的工作，享有完整的区域管理权限（主要指经济管理权限，享有省级、市级金融管理权限），副省级城市管理职能如公安、司法、消防等有些城市管理职能仍归相关司法部门和政府部门	前海廉政监督局，职能包括经侦、纪检、监察、检查、审计等。前海纪工委和前海廉政监督局是"两块牌子，一套人马，一体化运作"	由深圳市政府财政预算和前海合作区的海合作区土地的出让、租赁和短期经营收入组成
佛山市顺德区社会创新中心	2012 年 8 月，佛山市顺德区人大常委会审议通过《佛山市顺德区法定机构管理规定》《佛山市顺德区社会创新中心管理规定》	法定机构事务委员会办公室征集或由其委托相关机构征集人员提名，任期 5 年，可以连任	全国县级行政区域首批法定机构之一	事业单位法人，没有行政级别，也不核定定编制	理事会作为决策机构，管理层及其带领的团队作为执行机构。理事会中公务员的比例不得超过 1/3，理事长不得由公务员担任	以提升顺德社会创新水平为宗旨，目标是成为顺德社会建设的思想高地，社会创新资源的整合平台	在决策层、执行层分别设立监察审计委员会、监察审计机构。接受权力机关、审计部门、主要政策部门的监督，政府每年由绩效办组织实施，对法定机构的个性化指标、共性指标进行评价	初期以财政拨款为主，后期实行财政拨款和市场化人相结合的方式

法定机构	立法依据	负责人	成立意义	登记方式	运行机制	主要职责	监管体制	经费来源
佛山市顺德区文化艺术发展中心	2012年8月，佛山市人大常委会审议通过《佛山市顺德区法定机构管理规定》《佛山市顺德区文化艺术发展中心管理规定》	法定机构事务委员会办公室征集或由其委托相关机构征集人员提名，任期5年，可以连任	全国县级域首区区域行政区法定机构之一	事业单位法人，没有行政级别，也不核定编制	理事会作为决策和监督机构，管理层及其带领的团队作为执行机构。理事会中公务员的比例不得超过1/3，理事长不得由公务员担任	支持艺术文化发展，提高市民文化素养	在决策层、执行层分别设立监察审计委员会、监察审计机构。接受权力机关、审计部门，主要政策部门的监督，效益由绩效办每年由绩效办组织实施，对法定机构的个性指标、共性指标进行评价	初期以财政拨款为主，后期实行财政拨款和合法合理化的市场化收入相结合的方式
佛山市顺德区人才发展服务中心	2012年8月，佛山市人大常委会审议通过《佛山市顺德区法定机构管理规定》《佛山市顺德区人才发展服务中心管理规定》	法定机构事务委员会办公室征集或由其委托相关机构征集人员提名，任期5年，可以连任	全国县级域首区区域行政区法定机构之一	事业单位法人，没有行政级别，也不核定编制	理事会作为决策和监督机构，管理层及其带领的团队作为执行机构。理事会中公务员的比例不得超过1/3，理事长不得由公务员担任	以"打造人才高地，助推产业升级，服务顺德发展"为使命，致力于打造中国人才发展服务平台典范	在决策层、执行层分别设立监察审计委员会、监察审计机构。接受权力机关、审计部门，主要政策部门的监督，政府每年由绩效办组织实施，对法定机构的个性指标、共性指标进行评价	初期以财政拨款为主，后期实行财政拨款和合法合理化的市场化收入相结合的方式

续表

法定机构	立法依据	负责人	成立意义	登记方式	运行机制	主要职责	监管体制	经费来源
佛山市顺德区产业服务创新中心	2012年8月，佛山市顺德区人大常委会审议通过《佛山市顺德区法定机构管理规定》《佛山市顺德区产业服务创新中心管理规定》	法定机构事务委员会办公室征集或由其委托相关机构征集人员提名，任期5年，可以连任	全国县级区行政区域首批法定机构之一	事业单位法人，没有行政级别，也不核定编制	理事会作为决策和监督机构，管理层及其带领的团队作为执行机构。理事会中公务员的比例不得超过1/3，理事长不得由公务员担任	以市场需求为导向，建设区内中小微企业服务的枢纽平台，激发中小微企业活力，促进区域产业升级	在决策层、执行层分别设立监察审计委员会、监察审计机构。接受权力机关、审计部门的监督，主要政策部门监督，政府每年由绩效办组织实施，对法定机构的个性指标、共性指标进行评价	初期以财政拨款为主，后期实行财政拨款和法合理化市场化相结合的人相结合的方式
佛山市顺德区城市更新发展中心	2012年8月，佛山市顺德区人大常委会审议通过《佛山市顺德区法定机构管理规定》，2013年1月，佛山市顺德区人大常委会审议通过《佛山市顺德区城市更新发展中心管理规定》	法定机构事务委员会办公室征集或由其委托相关机构征集人员提名，任期5年，可以连任	顺德第五大法定机构	事业单位法人，没有行政级别，也不核定编制	理事会作为决策和监督机构，管理层及其带领的团队作为执行机构。理事会中公务员的比例不得超过1/3，理事长不得由公务员担任	协助制定城市发展规划，协助监督项目实施，协助主要政策部门编制，更新年度实施计划	在决策层、执行层分别设立监察审计委员会、监察审计机构。接受权力机关、审计部门的监督，主要政策部门监督，政府每年由绩效办组织实施，对法定机构的个性指标、共性指标进行评价	初期以财政拨款为主，后期实行财政拨款和法合理化市场化相结合的人相结合的方式

续表

法定机构	立法依据	负责人	成立意义	登记方式	运行机制	主要职责	监管体制	经费来源
广州市南沙新区产业园区开发建设管理局	2017年7月17日，广州市政府常务会议审议通过《广州市南沙新区产业园区开发建设管理局设立和运行规定》	局长由决策委员会提名，管委会任命，任期不超过5年，可连任，不超过2届	前海模式的再创新	机关法人，与南沙经济技术开发区管理委员会实行"一个机构，两块牌子"	决策委员会、管委会领导，管理局由长和区政府有关部门主要负责人组成。由局长和副局长组成，负责执行决策委员会的决定及内部管理工作	园区规划、土地管理和开发、产业发展、园区招商、园区服务、运营管理，投融资管理、招投标管理、对外合作。不承担相关行政执行职责，避免同时作为行政管理者和市场竞争者的角色混淆	外部监督机制：管委会和区人民政府履行外部监察机制；信息公开，建立信息公开制度，接受社会的监督。内部监督机制：内部审计、内部风险防控、审计监督机制和廉洁监督机制	实行财政拨款和合法合理的市场化收入相结合的方式
广州市南沙新区明珠湾开发建设管理局	2017年7月17日，广州市政府常务会议审议通过了《广州市明珠湾开发建设管理局设立和运行规定》	局长由决策委员会提名，管委会任命，任期不超过5年，可连任，不超过2届	前海模式的再创新，设立了容错免责条款，符合法定情形的，对单位和个人免于追究相关责任	机关法人	决策委员会行使重大事项的决策权和监督权；管理层负责贯彻执行决策委员会的决定；内设机构、负责层具体执行管理层部署的工作	承担园区内金融投资、招商引资、开发建设的职责，建设港澳合作核心区，打造国际高端产业综合服务中心，营造与国际接轨的良好的营商环境	通过外部监察机制、内部监督机制、内部风险防控、审计和廉洁监督机制、信息公开制度、社会监督等多种方式，全方位进行监管	初期以财政拨款为主，后期逐步实现全部资金来源的市场化
深圳市房地产评估鉴定中心	深圳市人民政府制定的《建立法定机构治理模式完善事业单位法人治理结构实施意见》	中心主任作为理事会的当然理事，不得担任理事长	国内首个法定机构治理模式的评估鉴定中心	事业单位法人	实行以国际化、专业化、社会化的理事会为核心的法人治理机制	承担住房、房地产等项目的价格评估、标准的制作等任务	通过外部监察机制、内部监督机制、内部风险防控、审计监督机制、信息公开、社会监督等多方位，全方位监管	经费自理

续表

法定机构	立法依据	负责人	成立意义	登记方式	运行机制	主要职责	监管体制	经费来源
深圳国际仲裁院	2012年11月24日，深圳市人民政府颁布《深圳国际仲裁院管理规定（试行）》	院长为理事会的当然理事，不得担任理事长	国内首个法定机构治理模式的仲裁机构	事业单位法人	实行以国际化、专业化、社会化的理事会为核心的法人治理机制	处理国内外机构、个人、法人之间的财产纠纷和合同争端等	通过外部监察机制、内部监督机制、内部风险防控、审计和廉洁监督机制、信息公开制度、社会监督等多种方式，全方位进行监管	经费自理
深圳市计量质量检测研究院	2018年11月2日，深圳市人民政府颁布《深圳市计量质量检测研究院规定》	院长为理事会的当然理事，不得担任理事长	国内首个法定机构治理模式的研究院	事业单位法人	建立"决策层+执行层+监督层"的法人治理机构，以理事会为核心	提供高质量高标准的检测、检验服务	通过外部监察机制、内部监督机制、内部风险防控、审计和廉洁监督机制、信息公开制度、社会监督等多种方式，全方位进行监管	经费自理
深圳市规划国土发展研究中心	深圳市人民政府制定的《建立和完善事业单位法人治理结构实施意见》	中心管理层由中心主任1名和总师4名组成	国内首个规划类的法定机构	事业单位法人	实行法定机构理事会管理模式	承担深圳市法定规划编制、城市发展研究以及相关政策研究和服务技术支持的技术服务工作	通过外部监察机制、内部监督机制、内部风险防控、审计和廉洁监督机制、信息公开制度、社会监督等多种方式，全方位进行监管	经费自理

续表

法定机构	立法依据	负责人	成立意义	登记方式	运行机制	主要职责	监管体制	经费来源
深圳市公证处	2014年10月23日，深圳市政府五届一百二十次常务会议审议通过《深圳公证处管理暂行办法》	任期3年，可连任	国内首个采用法定机构模式运行的公证处	事业单位法人	建立"决策+执行+监督"的法人治理机构，以理事会为核心	履行公证，证明责任	通过外部监察机制、内部监督机制、内控、审计和廉洁风险监督机制、信息公开制度、社会监督等多种方式，全方位进行监管	经费自理
深圳市住房公积金管理中心	2010年12月20日，深圳市人民政府颁布《深圳市住房公积金管理暂行办法》	中心主任为理事会理事，当然理事，不得担任理事长	国内首个法定机构模式治理的公积金管理中心	事业单位法人	理事会领导下的主任负责制	承办公积金管委会决策事项	通过外部监察机制、内部监督机制、内控、审计和廉洁风险监督机制、信息公开制度、社会监督等多种方式，全方位进行监管	公共性资金
深圳市国家高技术产业创新中心	深圳市人民政府制定的《建立和完善事业单位法人治理结构实施意见》	中心主任为理事会理事，当然理事，不得担任理事长	一	事业单位法人	理事会领导下的主任负责制	组织论证高新技术项目，组织和申报国家和市级高技术产业发展项目，研究新兴技术和产业的发展	市发改委，市财政委按有关规定监管该中心收支情况	承担市发展改革委委托事项以及受委托管理物业而获取的费用
深圳市公立医院管理中心	2012年9月25日，深圳市人民政府公布《深圳市公立医院管理体制改革方案》	中心主任为理事会理事，当然理事，不得担任理事长	国内首个法定机构模式治理的公立医院管理中心	事业单位法人	理事会领导下的主任负责制	对公立医院的财物与人员展开监督与管理，促进公立医院管理体制的改革，提升医疗服务质量与水平	通过外部监察机制、内部监督机制、内控、审计和廉洁风险监督机制、信息公开制度、社会监督等多种方式，全方位进行监管	国家财政保障

续表

法定机构	立法依据	负责人	成立意义	登记方式	运行机制	主要职责	监管体制	经费来源
南方科技大学	2011年7月1日，深圳市政府发布《南方科技大学管理暂行办法》；2012年7月5日，深圳市编办下发《关于设立南方科技大学的理事会等的通知》（深编〔2012〕45号）	理事会有校长聘任权，理事长由深圳市市长或其委任的理事担任	国内首个法定机构治理模式的大学	事业单位法人	党委领导下的校长负责制，设立了理事会、党委会、校长办公会和校学术委员会	采用"决策层+执行层+监督层"的法定机构治理方式，探索中国未来高校的新模式	通过外部监察机制、内部监督机制、内部风险防控、审计和廉洁监督机制、信息公开制度、社会监督等多种方式，全方位进行监管	国家财政保障
青岛蓝色硅谷核心区管理局	2015年8月，青岛市人大常委会审议通过《关于青岛蓝色硅谷核心区开展法定机构试点工作的决定》；2015年11月，青岛市政府常务会审议通过《青岛蓝色硅谷核心区管理暂行办法》	由市政府按规定程序任命局长	长江以北第一家法定机构	机关法人	最高决策机构是理事会，主席由市政府分管负责人担任；执行机构是管理局，对理事会负责，定期向理事会汇报机构运行状况；监督机构是监事会，对理事会负责	负责核心区的开发建设、运营管理、招商引资、制度创新、综合协调等工作	设立青岛蓝色硅谷核心区监事会进行监督，同时，适时建立内部审计、负责盖合管理局的内部监督	采取政府资助、政府购买服务或自筹资金等多种形式。运行初期的经费来源可以财政拨款为主，逐步推向市场，形成市场化运作体制

续表

法定机构	立法依据	负责人	成立意义	登记方式	运行机制	主要职责	监管体制	经费来源
青岛国际邮轮港	2016年8月31日，青岛市第十五届人大常委会第三十七次会议通过《关于青岛国际邮轮港开展法定机构试点工作的决定》	由市政府按规定程序任命	第一家港口的法定机构	事业单位法人	建立"决策层+执行层+监督层"的法人治理结构	围绕国家"一带一路""蓝色经济""自由贸易区"等战略要求，着力加强国际邮轮港中心及旅游、物流等园区建设	按照规定设置监督机构，建立追究制度、误责任评估制度、信息公开制度、审计制度、监察制度等	采取政府资助、政府购买服务或自筹资金等多种形式。运行初期的经费来源可以财政拨款为主，逐步向市场、形成市场化运作体制
上海陆家嘴金融城发展局	2016年6月，上海市浦东新区人大常委会审议通过浦东新区人民代表大会常务委员会《关于促进和保障陆家嘴金融城体制改革的决定》	陆家嘴金融贸易区管委会主任拟任管委会主任、兼任执行董事	首创"业界共治+法定机构"，在全国率先以企业法人的形式登记注册成立，实行企业化行，一套班子两块牌子组织	企业法人（以国有独资公司注册），片区管理局将所在片区管委会挂两块牌子	率先试水"业界共治+法定机构"的公共治理模式	实施和协调金融城的公共事务，组织和落实管理事项，致力于提供公共产品和公共服务，促进整个区域的公共利益	政府依法对发展局（理事会秘书处）发展基金的运作和管理进行监督，并可以引入独立第三方机构参与监督，审计、财政、监察等部门依照相关法律法规，并根据理事会、发展局、发展基金的章程开展财务审计和绩效评估	运营经费主要来源于辖区人民政府购买服务，发展经费、发展局的资产收益和经营收入等
合肥高新区	—	—	—	事业单位法人	—	—	接受相关部门监管	初期以财政拨款为主

续表

法定机构	立法依据	负责人	成立意义	登记方式	运行机制	主要职责	监管体制	经费来源
海南国际经济发展局	2019年3月1日，海南省政府颁布《海南国际经济发展局设立和运行规定》	局长是厅级干部，有编制，其余人为聘用制	第一个以社团法人形式登记的法定机构	社团法人	理事会领导下的局长负责制	专司国际企业服务，承担国际推介、招商代理、引进外资等职责	通过外部监察机制、内部监督机制、内部风险管控、审计和廉洁监督机制、信息公开制度、社会监督等多种方式，全方位进行监管	运营资金主要由注资收入、承接政府采购服务收入和其他合法化的市场收入组成
海南省大数据管理局	2019年5月21日，海南省政府颁布《海南省大数据管理局管理暂行办法》	局长是厅级干部，有编制，其余人为聘用制	全国首个以法定机构形式设立的省级大数据管理局	事业单位法人	理事会领导下的局长负责制	承担大数据建设、管理和服务等职责	通过外部监察机制、内部监督机制、内部风险管控、审计和廉洁监督机制、信息公开制度、社会监督等多种方式，全方位进行监管	运营资金主要由注资收入、承接政府采购服务收入和其他合法化的市场收入组成
海南博鳌乐城国际医疗旅游先行区管理局	2019年4月3日，海南省政府颁布《海南博鳌乐城国际医疗旅游先行区管理局设立和运行规定》	局长是厅级干部，有编制，其余人为聘用制	法定机构的再发展	企业法人	理事会领导下的局长负责制	提供创新优质服务，统筹规划、整体推进乐城先行区国际医疗旅游、高端医疗服务、大健康产业高标准高质量发展	通过外部监察机制、内部监督机制、内部风险管控、审计和廉洁监督机制、信息公开制度、社会监督等多种方式，全方位进行监管	运营资金主要由注资收入、承接政府采购服务收入和其他合法化的市场收入组成

法定机构	立法依据	负责人	成立意义	登记方式	运行机制	主要职责	监管体制	经费来源
天津经济技术开发区	2019年2月，天津市委常委会审议通过《关于在滨海新区各开发区全面推行法定机构改革的有关意见》	负责人为厅级干部，有编制，其余为聘用制人	法定机构的再发展	事业单位法人	实行企业化管理，推行全面绩效考核。	要坚定不移推动产城融合，实施产业东移，推动资源沿海布局，项目向海集中，集中力量建设经济技术中间区域的东区开发区域	通过外部监察机制、内部监督机制、内部风险防控、审计和廉洁监督机制、信息公开制度、社会监督等多种方式，全方位进行监管	财政保障
天津港保税区	2019年6月3日，天津市人民政府常务会议通过天津市人民政府修改《天津东疆保税港区管理规定》的决定	负责人为厅级干部，有编制，其余为聘用制人	法定机构的再发展	事业单位法人	实行企业化管理，推行全面绩效考核	负责保税港区及其毗邻区域的区域开发、产业发展、投资促进、企业服务等工作	通过外部监察机制、内部监督机制、内部风险防控、审计和廉洁监督机制、信息公开制度、社会监督等多种方式，全方位进行监管	财政保障
天津滨海高新技术产业开发区	2019年2月，天津市委常委会审议通过《关于在滨海新区各开发区全面推行法定机构改革的有关意见》	负责人为厅级干部，有编制，其余为聘用制人	法定机构的再发展	事业单位法人	实行企业化管理，推行全面绩效考核	加快调整区域开发布局，按照向东集聚，临海发展的战略，加快实施"东进东移"，引导优质项目集中布局，实现东部片区产业集聚、商业繁荣、人口兴旺	通过外部监察机制、内部监督机制、内部风险防控、审计和廉洁监督机制、信息公开制度、社会监督等多种方式，全方位进行监管	财政保障

续表

法定机构	立法依据	负责人	成立意义	登记方式	运行机制	主要职责	监管体制	经费来源
天津东疆保税港区	2019年2月，天津市委常委会审议通过《关于在滨海新区各开发区全面推行法定机构改革的有关意见》	负责人为厅级干部，有编制，其余人为聘用制	法定机构的再发展	事业单位法人	实行企业化管理，推行全面绩效考核，把工资收入与工作业绩和成果挂钩	负责保税港区及其毗邻区的区域开发、产业发展、投资促进、企业服务等工作	通过外部监察机制、内部监督机制、内部风险防控、审计和廉洁监督机制、信息公开制度、社会监督等多种方式、全方位进行监管	财政保障
中新天津生态城	2019年2月，天津市委常委会审议通过《关于在滨海新区各开发区全面推行法定机构改革的有关意见》	负责人为厅级干部，有编制，其余人为聘用制	法定机构的再发展	事业单位法人	实行企业化管理，推行全面绩效考核	负责生态城的区域开发、产业发展、投资促进、企业服务等工作	通过外部监察机制、内部监督机制、内部风险防控、审计和廉洁监督机制、信息公开制度、社会监督等多种方式、全方位进行监管	财政保障

115

综上，从法定机构的试点情况来看，我国内地现有法定机构大致有七大特点：一是在主要职责范围上，主要从事公共管理和公共服务，而且在自贸区内发展最迅速，自贸区也是法定机构开展试点的主要区域。二是在监管体制上，全部采用内外部监管体系相集合的方式，即通过外部监察机制、内部监督机制、内部风险防控、审计和廉洁监督机制、信息公开制度、社会监督等多种方式，全方位进行监管。三是在设立依据上，主要采用地方性法规、政府规章和规范性文件的方式。四是在登记方式上，大多数采用事业单位法人的登记方式。五是在运行机制上，全部采用法人治理结构，即"决策层—执行层—监督层"的三方治理结构。六是在机构设置意义上，主要是以绩效改革为核心，不断完善治理机制，从而保障公共职能的履行。七是在发展方向上，随着我国社会不断发展与行政体制改革的持续深入，政府行政的方式也在发生着转变，从直接行政到"直接行政＋间接行政"，法定机构作为国家间接行政的最直接方式，适应了当下社会发展的的需求，从国外引进，并结合中国国情在我国生根发芽、发展完善。

从我国内地近些年法定机构的改革情况来看，目前主要在一些开发区、自贸区尝试采用法定机构形式进行管理，我国内地已在4个省份和2个直辖市，设立29家法定机构。按照职责权限，试点单位可分为三类：第一类为经济产业功能区管理机构，提供公共管理职能，例如深圳前海管理局、青岛蓝色硅谷核心区管理局、上海陆家嘴金融城发展局；第二类为职能服务型事业单位，旨在推动公共服务市场化，如佛山市顺德区产业服务创新中心、深圳公证处等。第三类为高校型事业单位，例如南方科技大学。按照法定方式区分，试点单位可分为两类，即立法授权和人大授权，深圳前海管理局为典型立法授权模式，而青岛蓝色硅谷核心区管理局、青岛国际邮轮港以及上海陆家嘴金融城发展局均为人大授权模式。按照单位继承性看，可分为新设立和转换设立两类，例如，深圳前海管理局、青岛国际邮轮港均为在成立之初就明确法定机构治理方式，而上海陆家嘴金融城发展局和青岛蓝色硅谷核心区管理局则前有管委会作为管理机构，之后转型法定机构治理方式，具体分类情况见表4-2。

表4-2　我国法定机构的主要类型

分类依据	类别	法定机构实例
法定方式	立法授权	深圳前海管理局、南方科技大学
	人大授权	青岛蓝谷管理局、上海陆家嘴金融城发展局

续表

分类依据	类别	法定机构实例
法律位阶	地方性法规	深圳前海管理局
	规章	南方科技大学
	规范性文件	顺德区的 5 家法定机构
职责权限	经济产业功能区管理机构（公共管理型）	深圳前海管理局、青岛蓝色硅谷核心区管理局、上海陆家嘴金融城发展局
	职能服务型事业单位（公共服务型）	佛山市顺德区产业服务创新中心、深圳公证处
	公共事业型单位（公共事业型）	南方科技大学
成立方式	新设立	深圳前海管理局、青岛国际邮轮港
	转换设立	上海陆家嘴金融城发展局、青岛蓝色硅谷核心区管理局

第三节　自贸区内法定机构的实例分析

读万卷书不如行万里路，实践才能出真知。为了掌握第一手资料，深入研究我国法定机构实践的实际情况，笔者辗转深圳、广州、上海、海口、青岛、三亚等地，对目前我国内地最具有代表性的 11 家法定机构实地调研、走访。11 家法定机构分别是深圳前海管理局、上海陆家嘴金融城发展局、青岛蓝色硅谷核心区管理局、顺德自贸区内的 5 家法定机构、海南自贸区内的 3 家法定机构。笔者采用访谈法，分别对这 11 家法定机构的人事部门的负责人进行访谈，收集信息资料，实地观看办公条件和办公方式，收获颇丰。本节将结合调研结果，对走访的这些法定机构进行实例分析。

一、深圳前海管理局的实例分析

深圳前海管理局是深圳前海蛇口自贸片区于 2010 年成立的内地首个法定机构，设 11 个处，下有 3 家控股公司。

117

（一）成立目的

从成立背景上看，法定机构最早在深圳前海取得成功，有两个前提条件：一是地缘条件。深圳前海主要通过填海形成，面积 18.04 平方公里。深圳前海被称为珠三角"曼哈顿"，致力于深港合作，建设现代服务业，引领区域发展新高点。前海最独特的地缘优势，就是毗邻香港，这为发展金融贸易提供了便利，而且对接香港发展，也为前海金融服务业开放与合作创造了条件。因此，前海借鉴了中国香港特别行政区法定机构的模式，一是"一事一立法"，二是政策支持。2007 年，深圳市政府发布了《关于推行法定机构试点的意见》，探索设立法定机构，按照"一机构一立法"的方式设立自主运行、高效运转的法定机构。此举创新了事业单位的管理方式和运行机制，是事业单位改革探索的"深圳方式"。

深圳是中国最早的四个经济特区之一，毗邻中国香港特别行政区，在利用外资发展经济方面，具有得天独厚的条件。经济的快速发展以及自贸区对外贸服务的需求，成了催生法定机构的土壤。实践的需求，让深圳市在前海区自上而下，学习借鉴临近的中国香港特别行政区法定机构的做法，设立了法定机构——深圳前海管理局。

（二）主要运行机制

从运行机制上看，深圳前海管理局最大的优势，就是在机构设置上同传统政府部门不同，具有高度的灵活性。从内设机构来看（见表 4-3），深圳前海管理局有内设机构 14 个。

表 4-3　深圳前海管理局内设机构情况（截止时间 2020 年 2 月）

部门名称	主要职能
办公室	主要负责政务安排及相关综合业务
秘书处	协调各部门、对接主管部门，建设常态化机制
人力资源处	负责局及下设企业人事管理、外事协调及创新改革研究工作
计划财务处	负责年度预决算编制、土地出让收入组织和资金管理、统筹管理局及下属公司财务工作
经营发展处	负责产业发展工作，同时对项目审批、核准、备案或转报管理
投资推广处	负责合作区内投资环境建设，制定并组织实施投资推广工作
规划建设处	负责合作区内有关城市规划、交通、工程、建设等工作

续表

部门名称	主要职能
保税港区管理处	负责政策、产业导向方案的制定与贯彻，以及保税港区内企业的项目审批、资质审核等工作
金融创新处	负责制定金融发展相关政策
法制建设处	负责前海合作区法制建设、立法申报、法务审查等
e 站通服务中心	负责行政项目审批、行政服务安排，按照职责范围开展审批工作
土地和房地产管理处	负责建设用地的使用管理、土地使用权出让等工作
智慧前海办公室	负责组织编制并实施《智慧前海总体规划》和各相关智慧专项规划
	负责信息通信网络基础设施建设管理及技术支持工作

　　除以上机构外，深圳前海管理局下设三家公司，分别是前海金融控股有限公司、前海联合发展控股有限公司、前海开发投资控股有限公司。其中，前海金融控股公司主要负责合作区内的土地建设和开发，以及招商引资；前海联合发展控股有限公司主要负责合作区的法律手续办理，发挥协调、咨询、促进的作用；前海开发投资控股有限公司则主要是按照法律法规，履行出资人的主要职责。[①] 关于下设的三家企业能否和市场上其他企业展开平等竞争，是否会造成信息不对称、资源不对等的问题，是目前实践中争议最大的问题之一，本书后续将详细论述。

　　从职能权限上看，深圳前海管理局的职能权限主要是公共管理和公共服务。在调研中发现，深圳前海管理局中只有局长是公务员的身份（深圳市委常委），其余的内部员工都是聘用制的。虽然不列入政府行政管理序列，但是为了便于管理，深圳前海管理局实际上承担了很多行政审批服务，在劳动人事管理、城市规划、项目投资、施工许可等方面有管理职能。按照《深圳经济特区前海深港现代服务业合作区条例》的规定，深圳前海管理局依法可在前海合作区履行部分区内的行政审批和行政服务职责。[②]

　　从资金来源上看（见图 4-1），深圳前海管理局具有相对独立的财政管理权，负责编制前海合作区财政预算和前海管理局经费预算，经市政府审定后纳入市

----

　　① 参见中国（广东）自由贸易试验区深圳前海蛇口片区管理委员会编:《中国（广东）自由贸易试验区深圳前海蛇口片区法律法规政策汇编》，法律出版社 2017 年版，第 35 页。

　　② 《前海 e 站通服务体系试行方案》，载 http://dy.163.com/v2/article/detail/DQCJ184105149PH8.html，2020 年 2 月 16 日访问。

级财政年度预算，报市人大审议批准后，由前海管理局组织实施。

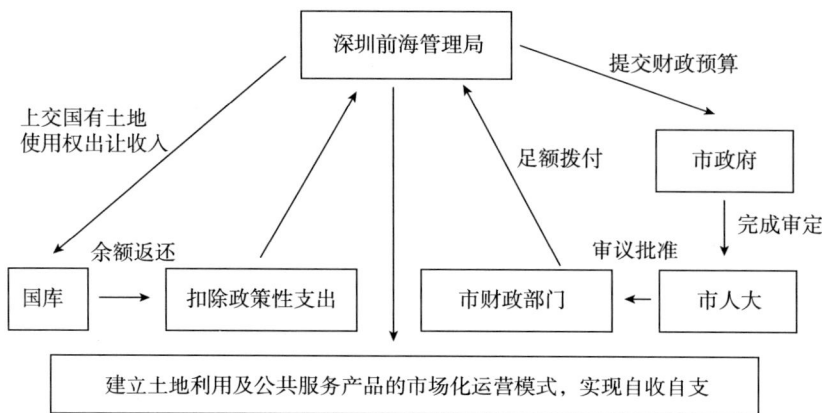

图 4-1 深圳前海管理局的资金来源

（三）实践中暴露出的突出问题

深圳前海管理局作为我国内地第一个成功试点的法定机构，在发展中也遇到了瓶颈，就是关于去行政化的问题。按照相关法律文本的规范，深圳前海管理局是实行企业化管理、但不以营利为目的的法定机构，享有完整的区域管理权限（主要指经济管理权限，享有非金融领域的副省级城市管理权限），而其他社会管理职能，例如消防、公安等，仍归深圳市南山区政府和深圳市相关政府部门管理。但是，在实际运作中，深圳前海管理局更像深圳市政府下属的一个职能局，暴露出遵行行政化而非市场化运作逻辑、部门职责边界不清晰、政企合一等问题，特别是所有的三家全资控股公司被很多人诟病，认为容易引发市场上的不公平竞争。主要体现在：

1.下放权力过多，法定机构应接不暇

深圳前海管理局依据深圳市人民政府《关于印发〈前海 e 站通服务体系试行方案〉的通知》和《广东省调整由前海管理局实施的省级管理权限事项目录（第一批）》，承担广东省及深圳市两级政府下放的 80 多项行政审批事项。审批事项增加，却没有增加工作人员，造成一人多职，而且很多工作和人员的自身专业也不相匹配，难以胜任。针对这一情况，调研中，工作人员反映，没有经过事先的详细调研就将权力下放，承接的部分审批事项不能很好地落实。此外，人力资源不足也成为掣肘深圳前海管理局发展的因素。按照精简高效的原则，深圳前海管理局要严格控制员工人数，但是随着工作量的增加，人员逐渐超负荷工作，这时如果待遇提高不上去的话，也会造成优秀人才的大量流失。

2. 机构设置日趋行政化

调研中发现，深圳前海管理局承担了大量的行政审批权，这种权力的赋予，也让深圳前海管理局无论是在职能还是在机构设置上越来越趋向于政府。部门之间职能交叉，而且权责不清，所有的三家公司在人员组成上频繁调动，不利于市场上三家公司同其他市场主体之间的平等竞争，容易让人诟病。

3. 三大控股公司的市场平等地位问题

深圳前海管理局下辖三大控股公司，因为其特殊的地位，三大控股公司都享受着市场上其他主体所没有的特别待遇和政策。例如，按照政策规定，深圳前海蛇口自贸片区内的基础设施建设，都要由前海开发投资控股有限公司来承担。在深圳前海蛇口自贸片区内的金融机构，也都要同前海金融控股有限公司合作。而且，前海联合发展控股有限公司也享有为服务区内的企业提供服务的职责，收取一定的服务费用。这种关系，无疑给这三家公司特别的市场地位，不利于同市场上的其他平等主体开展公平竞争，为良好、竞争的市场环境的建设埋下隐患。

二、上海陆家嘴金融城发展局的实例分析

上海陆家嘴金融城发展局是上海自由贸易试验区内的法定机构。

作为上海唯一一家法定机构，上海陆家嘴金融城发展局具有诸多特点和创新。作为国家综合配套改革试验区，浦东新区根据上海市人大常委会《关于促进和保障浦东新区综合配套改革试点工作的决定》、浦东新区人民代表大会常务委员会《关于促进和保障陆家嘴金融城体制改革的决定》（以下简称《陆家嘴金融城决定》），设立了上海陆家嘴金融城发展局这一法定机构。《陆家嘴金融城决定》明确了行政机构与受托管理公共事务、公共服务的主要职责。作为全国唯一的金融城法定机构，上海陆家嘴金融城发展局有以下经验。

（一）成立目的

从成立背景上看，上海陆家嘴金融城位于上海市浦东新区，面积 31.78 平方公里，被国务院确认为上海打造国际金融中心的核心功能区。随着上海自贸试验区扩围和人民币国际化深入推进，陆家嘴金融城的地位愈发凸显，如何在管理模式、发展规模等方面创新成为市场关注的焦点，这为法定机构的引入奠定了基础。

从登记方式上看，以区人大通过的规范性文件确定法定机构的性质，赋予法定机构企业登记身份，明确发展局是实行企业化运作但不以营利为目的、履行相应公共管理和服务职能的法定机构。浦东新区政府依据《陆家嘴金融城决定》设立上海陆家嘴金融城发展局，并登记为上海陆家嘴金融城发展局有限公司，作为金融城法定的管理服务机构。上海陆家嘴金融城发展局同海南博鳌乐城国际医疗旅游先行区管理局是国内仅有的两家采用企业法人形式登记的法定机构，这种登记的做法，一方面不用考虑法定机构的编制来源问题，另一方面更能够明确法定机构在市场上的平等主体地位。

值得一提的是，2019 年 7 月 25 日，上海市人大常委会通过了上海市人民代表大会常务委员会《关于促进和保障浦东新区改革开放再出发实现新时代高质量发展的决定》（以下简称《决定》）。根据《决定》①规定，上海市人大常委会对浦东新区人大常委会立法进行授权。从目前来看，上海陆家嘴金融城发展局的设立依据是规范性文件，《决定》的出台能够帮助上海陆家嘴金融城发展局法定性的提升，可以按照《决定》将《陆家嘴金融城的决定》报上海市人大常委会备案，增强上海陆家嘴金融城发展局设立之法的法定性。

（二）主要运行机制

从治理机构上看，上海市陆家嘴金融城发展局最大的创新就是"业界共治 + 法定机构"的治理模式。上海陆家嘴金融城发展局于 2016 年 8 月 24 日召开了一届一次理事会大会，自此正式挂牌成立。上海陆家嘴金融城发展局实行双轮驱动的运行机制。所谓双轮，一轮是法定机构，一轮是业界共治，世界很多金融城都采用这种形式，例如英国伦敦金融城，但是这种形式在我国还是首创。所谓业界共治，就是让金融城内的企业充分参与到理事会中来，一同管理、协商、共建自己的事务，理事会的成员主要是金融城内的企业，涉及领域包括航运、金融、服务等，其他代表是政府部门代表以及监管机构的代表。在上海陆家嘴金融城业界共治的理事会中，外资企业占比 30%，政府部门代表不足 10%，

---

① 上海市人民代表大会常务委员会《关于促进和保障浦东新区改革开放再出发实现新时代高质量发展的决定》第 3 条规定："浦东新区人民代表大会常务委员会、浦东新区人民政府可以聚焦深化改革、扩大开放、创新发展、产业升级和城市功能等重点领域作出相关决定、决议或者制定相关规范性文件在浦东新区先行先试，报市人民代表大会常务委员会备案；浦东新区人民代表大会常务委员会可以围绕自贸试验区和科创中心建设等重点工作，依法决定在一定期限在浦东新区暂时调整或者暂时停止适用本市地方性法规的部分规定，并报市人民代表大会常务委员会备案。"

充分体现了自己的事情自己参与的业界共治理念，将最广泛的社会资源引入园区治理中来。而且，业界共治这种开放、参与、协商的治理模式，无疑是很多高新技术企业、金融投资企业所向往的，对他们来说有很大的吸引力，能吸引更多的优秀的企业进入金融城。采用这种方式，不仅能缓解政府的压力，也能刺激经济发展，充分发挥市场和社会的资源力量，真正实现双赢、共赢、多赢。

理事会中的 26 家常务理事单位的名单见表 4-4。

表 4-4　上海陆家嘴金融城理事会常务理事单位名单

交通银行股份有限公司	福特汽车（中国）有限公司
中国银联股份有限公司	安永华明会计师事务所上海分所
汇丰银行（中国）有限公司	波罗的海航运公会上海中心
上汽通用汽车金融有限责任公司	上海陆家嘴（集团）有限公司
上海证券交易所	上海市金融业联合会
中银国际证券有限责任公司	上海市支付清算协会
中欧基金管理有限公司	上海市银行同业公会
中国平安保险（集团）上海总部	上海市基金同业公会
天安财产保险股份有限公司	上海市保险同业公会
上海人寿保险股份有限公司	上海纽约大学
远东国际租赁有限公司	浦东新区金融服务局
朱雀股权投资管理股份有限公司	上海自贸区管委会陆家嘴管理局
中国万向控股有限公司	浦东新区陆家嘴街道办事处

从经费来源上看，上海陆家嘴金融城发展局主要采用自收自支的形式，作为登记为企业法人的法定机构，上海陆家嘴金融城发展局同企业有很多相似性，在这种情况下更加需要被赋予法定机构公共目的性，否则很难真正履行好公共管理和公共服务的职责。在成立上海陆家嘴金融城发展局的决定中，就写明了上海陆家嘴金融城发展局的经费来源情况，在启动初期，上海陆家嘴金融城发展局的资金来源主要依靠浦东新区政府支持的经济资源、行政资源，区政府通过购买上海陆家嘴金融城发展局提供的各项服务给予其报酬，而且上海陆家嘴金融城发展局也有其自身的资产收入和日常经营所得，这些都是维持发展局日

常工作的主要经费来源。同时，上海陆家嘴金融城发展局还成立了自己的金融城发展基金，引入财政和社会资本参与其中。目前，成立初期基金会的资金来源还主要以财政收入为主，等运转稳定后，相信越来越多的社会资本会参与其中。这种多方参与、互利互惠共赢的合作发展模式，真正体现了国家治理现代化所倡导的双赢、多赢和共赢。

在监管方式上看，主要有内外两方面的监管。在内部，通过理事会成员之间的牵制和协商，来达到互相制约、互相监督的目的；而且，也会定期向理事会公开财务报表和中、长期的绩效评估，对发展局的发展运营情况进行考核。在外部，要接受上级主管部门的监管，以及金融监管机构的检查、监察部门的监察、检察部门的检察、审计部门的审计等，和其他机构一样，受到来自政府和社会各界的监督。

（三）实践中暴露出的突出问题

虽然上海市陆家嘴金融城发展局取得了一些成绩，但是在调研中，也发现了一些问题，总结如下：一是对法定机构与政府部门之间的职责仅进行了初步划分。《陆家嘴金融城决定》第 6 条明确列举了上海陆家嘴金融城发展局运作的职能，即履行相应的公共管理和服务职能，但是并没有明确列出承担的具体公共管理和服务职能。职责的不明确性，为上海市陆家嘴金融城发展局的长远发展带了阻力，改革的不稳定因素加大。二是人事财务等管理对接有难度，例如，人事和财务等各部门相关利益的分配方面存在较大的瓶颈，其中比较突出的问题是原政府部门职员在政府转变为法定机构后的身份问题。三是立法本身的难度大，仅依靠区人大立法来推动法定机构的设立，在法律层级上法律位阶太低，无法突出法定机构的法定性，后续还需要更高层级的法律法规予以支持推动。

三、青岛蓝色硅谷核心区管理局的实例分析

2015 年，青岛蓝色硅谷核心区管理局在青岛蓝色硅谷核心区成立，成为我国长江以北第一家法定机构，是深入推进功能区体制机制创新，激发功能区发展活力的重要一步。

从法定性上看，青岛实行"三步走"程序，确立蓝色硅谷核心区管理局法定地位。首先，青岛市市委办公厅、市政府办公厅出台《关于推行法定机构试点工作的指导意见》。其次，青岛市人大常委会审议《关于青岛蓝色硅谷核心区

开展法定机构试点工作的决定》。最后，青岛市政府颁布《青岛蓝色硅谷核心区管理暂行办法》。从职责权限上看，市政府通过政府令形式向青岛蓝色硅谷核心区管理局赋权，包括建设用地规划许可、建设工程规划许可、财力投资项目规划建设管理、土地管理等权限。从治理结构上看，青岛蓝色硅谷核心区管理局实行"决策权、执行权、监督权"三权分离、有效制约的治理结构，理事会行使决策权，管理局作为执行机构对理事会负责，监事会作为监督机构行使监督调查权。从机构管理上看，机构设置突出精简高效，拥有较高自主权。青岛蓝色硅谷核心区管理局可自主确定内部机构设置以及职能分工，拥有自主性较高的用人权力，实行职员化管理，强调以能力配职位，改善唯资历论的用人模式。

综上，青岛蓝色硅谷核心区管理局最大的创造就是针对法定机构"三步走"的立法程序，这种方法有利于决策的有效衔接。法定机构作为一项依法设立的创新性改革制度，推动的决策程序、法律程序、工作程序都必须很严谨，于法有据。青岛市蓝色硅谷核心区设立法定机构，同上海陆家嘴金融城发展局一致，都采用了人大授权决定的形式，这点同深圳前海管理局的人大立法形式不同，人大授权决定的方式更具有灵活性，操作性也更容易。

四、佛山市顺德区内的 5 家法定机构的实例分析

2012 年以来，顺德区成立了佛山市顺德区社会创新中心、佛山市顺德区人才发展服务中心、佛山市顺德区产业服务创新中心、佛山市顺德区文化艺术发展中心、佛山市顺德区城市更新发展中心 5 家法定机构。

（一）成立目的

2012~2013 年，佛山市顺德区根据上级改革指导精神，参考借鉴新加坡、中国香港特别行政区法定机构的实践经验，由顺德区人大常委会审议通过《佛山市顺德区法定机构管理规定》《佛山市顺德区社会创新中心管理规定》《佛山市顺德区文化艺术发展中心管理规定》《佛山市顺德区人才发展服务中心管理规定》《佛山市顺德区产业服务创新中心管理规定》《佛山市顺德区城市更新发展中心管理规定》等规范性文件，陆续成立上述 5 家法定机构，这 5 家法定机构的基本情况见表 4-5。自此，佛山市顺德区正式开展法定机构试点，成为全国县区级行政区域中设立法定机构的首创。

表 4-5 顺德自贸区内 5 家法定机构的基本情况 [1]

法定机构	渊源	宗旨	主要政策部门	运作章程	机构规格
社会创新中心	新设立	创新推动社会建设	区社会工作委员会	以区人大常委会审议通过的中心管理规定作为运行准则，不再另行制定章程。	无行政级别
文化艺术发展中心	文化馆	支持文化艺术发展	区文化体育局		无行政级别
人才发展服务中心	人才办	强化人才发展服务	区民政和人力资源社会保障局		无行政级别
产业服务创新中心	新设立	服务产业转型升级	区经济和科技促进局		无行政级别
城市更新发展中心	新设立	协同推进城市更新	区国土城建水利局		无行政级别

（二）与事业单位在运行机制上的区别

从治理机构上看，运作空间更加灵活。佛山市顺德区内的法定机构全部采用法人治理结构，具体机制见图 4-2。从图 4-2 中可以看到：一方面，取消传统意义上的主管部门。5 家法定机构按照事业单位进行登记管理，取得法人资格，但是没有行政级别，也不核定编制。原来传统意义上事业单位的主管部门，在法定机构转变成主要政策部门，主要是指该部门负责制定法定机构职责领域相关的政策规定。管理方式上，与主管部门直接的、指令式的管理不同，主要政策部门是通过制定政策目标、提供业务指导、进行实绩考评等进行间接管理，其施政意图主要是透过委派到理事会中的代表加以表达并施加影响。另一方面，赋予法定机构一定的经营空间，法定机构可以开展与其职责任务相关的自营业务，自营收入的盈余，主要用于事业发展，也可提取一定比例用于个人激励。

---

① 陈慎武：《政府管理创新背景下的法定机构试点研究——以顺德为个案》，华南理工大学 2016 年硕士学位论文，第 12 页。

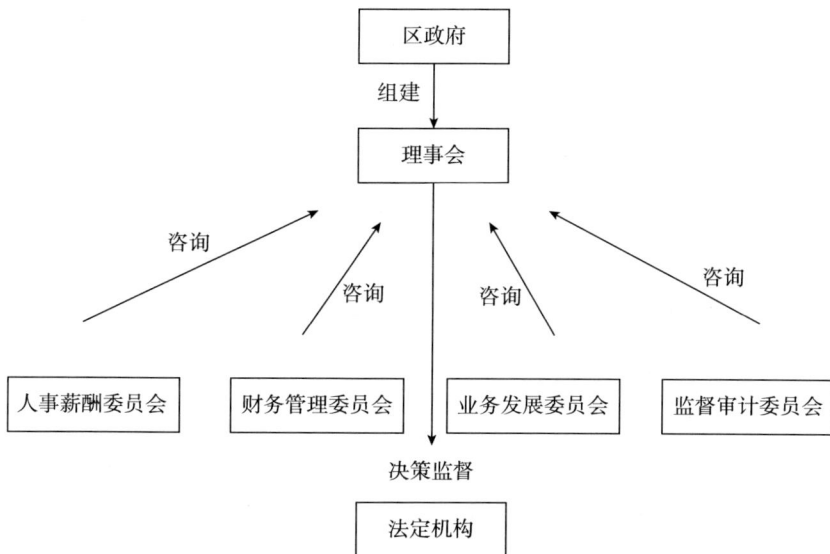

图 4-2　顺德区内法定机构的运行机制

（三）弱化的法定性：以规范性文件作为设立依据

相比其他地区的法定机构，作为全国县区级行政区域中设立法定机构的首创，顺德区内的 5 家法定机构有两大突破性尝试。从法定性上看，以权力机关审议通过的规范性文件为运作依据。《佛山市顺德区社会创新中心管理规定》等区人大常委会审议通过的 5 个管理规定（以下简称《中心管理规定》），分别是5 个法定机构的设立依据、职责来源，也是内部运作的章程。社会创新中心等的4 份《中心管理规定》，条文均在 40 条左右，详细规定了每个法定机构的宗旨、职责任务、治理架构、经费来源、人事财务管理等内容。城市更新发展中心的管理规定，则将条文精简至 20 条左右，主要是明确了机构的宗旨和职责任务，对治理架构、经费来源等已由《佛山市顺德区法定机构管理规定》明确的，则未再重复。法定机构的职责任务由机构编制管理机关予以追认，其效力虽然不能和法律、法规、规章相提并论，但是也具有相当程度的权威性和稳定性，除非由权力机关按照法定程序对规范性文件进行修订，否则不能调整、变更。与之相区别的是，体制内传统的组织（如行政机关、事业单位）职责任务由机构编制管理机关确定，其调整也是由单位本身或其上级提出方案，机构编制管理机关研究决定。显然，法定机构在职责来源上，更加具备独立自主的基础。

五、海南自贸区内的 3 家法定机构的实例分析

2019 年 4 月，海南省发布了中国（海南）自由贸易试验区第二批制度创新案例，其中规定要设立社团法人、事业单位法人、企业法人三种登记形式的法定机构。设立的三家法定机构分别是海南国际经济发展局（采取社团法人的登记方式）、海南省大数据管理局（采取事业单位法人的登记方式）、海南博鳌乐城国际医疗旅游先行区管理局（采取企业法人的登记方式）。三个法定机构在省级层面上实行不同的登记方式，是海南自贸区法定机构的最大特点，其中海南国际经济发展局更是在全国首创社团法人的登记方式。

从法定性上看，三家法定机构实行不同的立法保障。通过海南省政府规章进行授权，海南国际经济发展局仅履行经济领域内的公共服务。通过地方性立法进行授权，海南省大数据管理局、海南博鳌乐城国际医疗旅游先行区管理局履行公共事务管理和提供公共服务。

从治理结构上看，三家法定机构采用不同的外部治理形式。海南国际经济发展局由各发起单位建立理事会作为决策机构，履行出资人和管理责任。省政府成立领导小组担任海南省大数据管理局和海南博鳌乐城国际医疗旅游先行区管理局的外部决策机构，实行"共治平台 + 法定机构"治理机制。从运行机制上看，构建不同的内部运行机制。海南国际经济发展局实行理事会领导下的局长负责制，海南省大数据管理局实行法人治理结构，海南博鳌乐城国际医疗旅游先行区管理局根据区域实际，灵活探索适当的内部运行机制。从职责权限上看，确定不同的改革重点。海南国际经济发展局着重探索法定机构与国际经济促进规则接轨，海南省大数据管理局着重探索法定机构企业化、专业化运行机制等，海南博鳌乐城国际医疗旅游先行区管理局着重探索理顺法定机构与各级政府及其部门、社会组织、相关企业之间的职责关系。

综上，海南自贸区在设立法定机构中最大的创造就是法定机构的分类发展。对自贸区内的三家法定机构，即海南国际经济发展局、海南省大数据管理局、海南博鳌乐城国际医疗旅游先行区管理局，根据不同的职权职责，采取不同的登记方式。值得一提的是，将海南国际经济发展局在全国首创登记为社团法人，这种分类发展的理念值得推广。

第五章

我国法定机构实践中的疑难问题

通过上一章对 11 家法定机构的实地调研分析，发现目前我国法定机构实践中暴露出三大难题：一是法定机构的法律地位问题，二是去行政化的问题，三是复杂的关系问题。能否突破这三大难题，是未来我国法定机构能否持续发力和继续推行的关键。本章将重点讨论我国法定机构实践中的疑难问题，以及国内外有哪些解决对策可以在我国实践中尝试。

第一节　法律地位问题

一、法定机构在行政法中的法律地位模糊

随着法定机构试点的发展，行政法学界已经关注到法定机构，但是目前在教科书中，还没有提到这个概念。学者们普遍认为，法定机构这个概念不好掌握，其研究范围也很模糊。造成这种情况主要是因为学者对法定机构的研究视角不同，以及法定机构本身的复杂性和外延性。

如前所述，作为一种国家间接行政的主要方式，法定机构主要承担公共管理和公共服务的职能。在行政法的法律地位上，法定机构属于行政法人，具体表现在以下两个方面：一方面，法定机构作为行政主体，能够让行政活动变得富有灵活性，能够提供更加优质的服务，顾客性的评价导向也使行政主体和行政相对人之间沟通顺畅，有利于行政活动的有效性；另一方面，自 2010 年开始法定机构在我国内地成功设立，这一组织形式在实践中的出现，需要构建理论

予以支撑，理论界又开始对传统的行政主体进行批判和反思，在现有行政法和行政组织法的框架中，急需明确法定机构的行政主体地位，才能进一步开展一系列制度设计，来指导目前如火如荼的法定机构实践。

在司法实践中，法定机构因从事不同活动，其法律地位也是不同的，有时具有行政主体身份，有时又扮演了行政相对人的角色，有时又成为了被监管者，有时又担任了监督者、协助者。但是总的来说，在大多时候法定机构主要是行政主体而非行政相对人的身份。法定机构的行政主体身份，已经是世界范围内公法领域的共识，随着法定机构的中国实践，法定机构作为行政主体已经得到行政法学界越来越多的关注，需要在行政法中明确法定机构的行政主体地位。

二、对我国现行行政主体理论的冲击

20世纪80年代末期，理论界形成了我国现行行政主体理论。现行行政主体理论提出后便受到了行政法学界的广泛欢迎，并被赋予推动政府法治建设的期望。但由于该理论未经过深入论辩就成为通说，导致其许多内在矛盾与问题未能暴露出来，缺乏厚实的理论根基，以至于许多学者忽视了我国行政主体理论与西方国家行政主体理论之间的差异。20世纪90年代末期，薛刚凌在《我国行政主体理论之检讨——兼论全面研究行政组织法的必要性》一文中，第一次对我国现行行政主体理论与制度进行了全面的阐述和检讨，拉开了对行政主体的重构与思考的序幕。然而20多年过后，关于行政主体理论的学术争鸣日渐冷却甚至平静下来。如今，法定机构在我国开发区、自贸区广泛实践，需要对我国行政主体理论进行深入探讨，为法定机构的法律地位找到一个合适的位置，并进行充分的解释。理论为实践来保驾护航，现如今法定机构在许多地区如火如荼地实践，正需要行政主体来丰富法定机构制度，让其在我国本土化，并实现质的飞跃。

我国行政主体主要包括以下九种类型：国务院、国务院组成部门、国务院直属机构、经国务院授权的办事机构、国务院部委管理的国家局、地方各级人民政府、地方各级人民政府的职能部门、经法律法规授权的派出机关和临时机构、法律法规授权的其他组织。[①]法定机构的定义明确了法定机构不属于政府序列，所以第1项至第7项肯定是不包含法定机构的。至于第8项经法律法规授权的派出机关和临时机构，在我国"经法律法规授权的派出机关"，有三种类型：省、自治区人民政府和经国务院批准设立的行政公署；县、自治县人民政

---

① 参见应松年：《行政法与行政诉讼法学》，法律出版社2009年版，第58页。

府经省、自治区、直辖市人民政府批准设立的区公所；市辖区、不设区的市人民政府经上一级人民政府批准设立的街道办事处。很明显，法定机构也不属于派出机关的这三种类型。至于"经法律法规授权的临时机构"，法定机构成立、取消都是有明确规定的，有着长期的绩效考核目标，从形式上和实质上看，都不是临时机构，所以法定机构也当然不属于第8项的行政主体。剩下最后一项"法律法规授权的其他组织"，法定机构是一个组织体，并且从形式上看也是有法律明文规定设立的，所以从形式上看，法定机构在我国行政主体当中的定位应为"法律法规授权的组织"，这点似乎是无可厚非的。但是从实质上看，法律法规授权，这里面的"法律法规"具体指哪些，值得商榷，存在争议，即由行政规章授权的组织和由规范性文件授权的组织是否具备行政主体资格。这也是法定机构能否属于"法律法规授权的其他组织"的关键。

　　经以上分析，现有29家法定机构中有3家以地方性法规为法定机构提供设立依据，有10家以地方政府规章为法定机构提供设立依据，剩余16家以规范性文件为法定机构提供设立依据。可见在法定机构的实践中各个位阶的法律都有，所以明确"法律法规"的范围，对于明确法定机构的行政主体地位至关重要。根据行政诉讼法的规定，我国学者普遍认为只有法律法规授权的组织才具有行政主体资格，行政规章授权的组织既不能成为行政诉讼被告，也不具备行政主体资格。但是在实践中，却出现了大量缺乏法律、法规授权，而仅有行政规章授权的组织行使行政职权的案件。

　　当这些行政规章授权的组织与行政相对人之间发生纠纷后，是否能够成为行政诉讼的适格被告成为了一个不小的难题：如果可以，行政诉讼法与行政主体理论均需加以修正；如果不能，那么与其发生纠纷的行政相对人的合法权益又应当通过何种途径维护？故为了应对司法实践的迫切需求，最高人民法院《关于执行〈中华人民共和国行政诉讼法〉若干问题的解释》[①]作出规定。将"规章"与"法律、法规"并列无疑已经表明最高人民法院将行政规章授权的组织和机构也认定为行政诉讼的适格被告，属于行政主体，能够独立地承担行政法

----

　　① 最高人民法院《关于执行〈中华人民共和国行政诉讼法〉若干问题的解释》规定："法律、法规或者规章授权行使行政职权的行政机关内设机构、派出机构或者其他组织，超出法定授权范围实施行政行为，当事人不服提起诉讼的，应当以实施该行为的机构或者组织为被告。……行政机关在没有法律、法规或者规章规定的情况下，授权其内设机构、派出机构或者其他组织行使行政职权的，应当视为委托。当事人不服提起诉讼的，应当以该行政机关为被告。"该解释公布于2000年3月8日，现已失效，上述规定内容现见最高人民法院《关于适用〈中华人民共和国行政诉讼法〉的解释》。

律责任。这一司法解释导致行政法学界原本统一的观点出现了分裂。对此，有人提出批评，主要质疑有：最高人民法院将规范性文件授权的组织纳入行政诉讼的被告范围，那行政主体的外延是否能再继续扩大；这种通过法律解释，就将行政诉讼的被告范围的扩大化，有些随意，对行政主体的外延的明确需要说明。① 虽然少数学者提出了质疑和批评，但多数人还是选择接受司法解释对行政主体外延的拓展，承认行政规章授权的组织拥有行政主体的资格，而且随着时间的推移，到现在已经基本成为了主流观点，修改后的行政诉讼法也予以确认。例如，胡建淼认为："法规授权，系指法律、法规和规章直接赋予国家行政机关以外的社会组织，特别是具有管理公共事务职能的组织，以行政职能的法律制度。"②

关于"法律法规授权的其他组织"，基本共识是指法律、地方性法规、政府规章授权的组织，规范性文件授权的组织并不在其中。按此规定，我国目前试点的法定机构，有一部分不能成为行政主体，但是按照其职责它们又确实以自己的名义独立履行职责，承担因履职产生的权利、义务与责任。如果不承认其行政主体地位，法定机构于法无据，未来的实践很担忧。再者，不是行政主体，也就不能成为诉讼主体，一旦同行政相对人发生纠纷，对行政相对人的合法权益救济也很困难。所以，必须要在行政法上明确法定机构的法律地位。当前的行政主体理论只考虑行政机关，将那些为完成行政任务而设立的组织划入法律法规授权的组织，解决了诉讼上的问题。但是这样远远不够，法定机构的问题还没有得到解决，特别是规范性文件设立的法定机构的法律地位问题。所以，法定机构理论对于行政法的行政主体的立法和理论带来了很大挑战，有必要明确行政主体的研究范围，明确法定机构属于行政主体中的行政法人。

三、重构行政主体理论的方式选择问题

把类似于法定机构这种国家间接行政的组织体，单独确定为一项行政主体类型，写入行政法。应松年教授在 2017 年"行政法总则与行政法法典化"的学术研讨会上提出："制定行政法总则的时机已经成熟。"该研讨会也指出，制定行政法总则要回应当代行政法的新发展，要处理好传统高权行政与现代协商式、合作式、指导式行政之间的关系。法定机构就是一个重要内容。制定行政法总

---

① 参见章志远：《当代中国行政主体理论的生成与变迁》，载《贵州警官职业学院学报》2007 年第 1 期。

② 胡建淼：《行政法学》，法律出版社 2010 年版，第 129 页。

则，明确行政主体的类型，将法定机构这一当代行政法的新发展，作为一个独立的行政主体类型，写入未来的行政法总则，是对我国行政法学发展创新之路的进一步开拓。这么做，有利于明确法定机构的行政主体地位，能够更好地体现法定机构的独立性特征，明确法定机构同其他行政主体一样平等的法律地位，有利于法定机构不受行政机关的牵制，将原有的"委托—代理"关系转变为共同治理的关系，一同参与到构建多元化的国家治理体系中来。这是法定机构能否实现去行政化的关键，也是未来法定机构能否在我国经济社会发展中发挥重大作用的理论基石。

很多学者主张行政主体理论的重构，重构方式有激进式和渐进式两种。激进式主张借鉴外国理论，直接引入；渐进式主张分步进行。从现实来看，渐进式比较可取，主要原因是：一方面，行政主体虽然是行政法学中最为基础和最为重要的基本概念之一，但是在我国当前整体环境和法律制度下，行政主体重构却不属于最具紧迫性的问题。因此启动一场行政主体重构并不具有实践可能性，最好的办法是把当下热门的行政体制改革作为行政主体重构的绝佳载体。另一方面，行政主体是大陆法系行政法学的一个概念，英美法系尽管有行政主体的事实存在，但是其行政法教科书中一般没有行政主体的概念。恰恰是大陆法系的行政法学者认为行政法应该包括行政组织和公务员的内容，英美法系学者们认为行政法不应该讨论行政组织和公务员问题，而是将行政组织和公务员视为政治学或行政管理学的研究对象。借鉴移植西方理论时必须考虑的因素普适化与本土化的矛盾，理论和制度的移植，都会遭遇中国政治、社会、文化环境的"吐纳"，很难照单全收。可见，对行政主体的重构不是一蹴而就的，必须有一个大的环境背景，一个好的契机，笔者认为也许行政法总则的制定与行政法法典化就是这个契机。

四、破解法定机构法律地位问题的对策

从全世界的范围来看，制定行政法总则是罕见的，提出制定中国行政法总则的观点，是对我国行政法学发展创新之路的进一步开拓。应松年教授提出，我国行政法经过30多年的发展，日渐完善，对于一些行政法的基本原则和价值理念已经得到共识，而且立法技术也日趋成熟，时机成熟是可以出台行政法总则的。应松年教授还提出，民法典的编纂分为两步走，先制定《民法总则》，即把民法研究过程中的一些共性抽出来，提出公因式，再把这些公共因子组成一个《民法总则》，然后，根据《民法总则》，再制定物权法、侵权法等分则部分，有序完成编纂民法典的工作；如果未来启动行政法典的编纂，也可以参照民法

典的这种编纂方式，先根据行政法中的基本原则和价值理念等共性问题制定出行政法总则，然后在行政法总则的统领下进一步再依次制定分则部分，最终组合成完整的行政法典。刘泽军教授更是认为，制定行政法总则是一个旗帜性的课题，对于这个问题中国应当有独特的解读和研究，在推进行政法法典化的过程中，中国行政法学者完全可以在中国语境来构建属于自身的行政法总则。[①] 目前，我国大多数行政法学者认为法律体系化和法典化是当前的发展趋势，是中国特色社会主义法治建设的重要内涵。

（一）明确行政法人的概念

实践中，目前法定机构在我国内地已有29家，虽然目前运行态势良好，发生的行政纠纷和疑难案件很少，但是未来随着改革的不断深入，肯定会有新的问题出来，厘清这一类机构的法律地位，对于它们在改革中把握一个基准方向以及未来在行政纠纷中的司法审判，将具有重要作用。基于笔者分析，之前我国行政主体重构一般只能依托行政体制改革来进行小修小补，无法达到真正意义上的重构，法律成本和效率也不切实际。但是，现今如果要起草行政法总则，那么重构行政主体将是重要议题，其中新兴的法定机构的定位、定性，也会成为讨论的焦点。

具体怎么操作，笔者认为法定机构进入行政法中，将其独立作为一个类型，就写"法定机构"，这显然是不现实也是不科学的。"法定机构"一词是我们从新加坡、中国香港特别行政区的"Statutory Board"英文直译过来的，其他国家的法律规范中也并没有"法定机构"一词，"法定机构"只是一个法学用语。其实类似于法定机构，对于法人化改造后的组织，理论界的命名颇多，诸如"公务法人""公营事业法人""独立行政法人"等，这些命名均立足于公私法人分立的基础上，主张明确其不同于科层机构与市场主体的特殊身份。因此，根据法定机构实质，不如称为行政法人。行政法人是行政法的行政主体理论与民法的法人制度的结合，是法技术运用的产物。法人不应是局限于民事权利主体的概念。虽然"法人"这个名词首先出现在德国民法中，但从法人的本质属性来看，没有理由认为法人仅仅只是民事权利主体的特有概念。

行政法人应该是指职能上履行公共管理和公共服务职能，管理上能够突

---

① 郭胜习:《行政法总则和行政法典制定的必要性和可行性——行政法总则与行政法法典化研讨会会议综述》。

破传统科层制采用自主化的法人治理模式，隶属关系上不属于我国政府部门序列的组织。从目前实践来看，主要包括开发区和自贸区内设立的法定机构，以及进行分类改革后的部分事业单位。把这一类机构统称为行政法人，时机成熟时写入未来的行政法总则，是一个可行且实际的选择。这也是借鉴了民法典对法人的规定，《民法典》第 96 条规定："本节规定的机关法人、农村集体经济组织法人、城镇农村的合作经济组织法人、基层群众性自治组织法人，为特别法人。"

（二）明确公法人的属性

我国民法对法人的分类，并没有照搬大陆法系将法人分为公法人和私法人，而是突破创新，结合我国国情，创设了特殊法人的概念，符合供给侧改革下对于经济市场建设特殊主体的必要涵盖。民事领域中从财产交易方面来阐述法人制度以及法人的法律意义，却忽视了了法人概念在公法上的价值，以及公法人在履行公共事务上体现的法技术手段，造成公法人制度的缺位。在泛法人化的同时，又存在法人化不足的问题。这种局限，再加上长期以来，一直在民法学界探讨法人制度，很少有公法学者来讨论法人制度，公私法之间壁垒与知识的局限更加剧了对公法人功能的误解。创造行政法人的概念，在公法中体现公法人的价值，是可行的，这样做一方面同民法中的法人制度遥相呼应，突破部门法的壁垒，将法人类型整体归纳，另一方面解决行政体制改革实践中，这些公法人的组织定位不明确，导致权利义务不一致、登记混乱的问题。明确行政法人的定性和定位，为我国开发区和自贸区的法定机构改革明确规则、流程，避免"遍地开花"、没有章法。

借鉴大陆法系的法人分类方法，根据我国民法典对法人的基本分类，结合研究现状，跳出公私法的壁垒，对法人类型进行整体归纳（见图 5-1）。其中，公法社团主要是指具有垄断性、强制性、公权力性的自治团体，例如律师协会、中国法学会。公法财团是指具有强制缴纳、社会基础保障功能的目的性财团，例如社会保障基金。行政法人是指职能上履行公共管理和公共服务职能，管理上能够突破传统科层制采用自主化的法人治理模式，隶属关系上不属于我国政府部门序列的组织。

```
                            ┌──────────────┐
                      ┌────>│   营利性法人   │
                      │     └──────────────┘
              ┌────────┐    ┌──────────────┐
        ┌────>│ 私法人  │───>│  非营利性法人  │
        │     └────────┘    └──────────────┘
        │             │     ┌──────────────┐
   ┌────┐             └────>│   特别法人    │
   │ 法 │                   └──────────────┘
   │ 人 │                   ┌──────────────┐
   └────┘             ┌────>│   公法社团    │
        │             │     └──────────────┘
        │     ┌────────┐    ┌──────────────┐
        └────>│ 公法人  │───>│   公法财团    │
              └────────┘    └──────────────┘
                      │     ┌──────────────┐
                      └────>│   行政法人    │
                            └──────────────┘
```

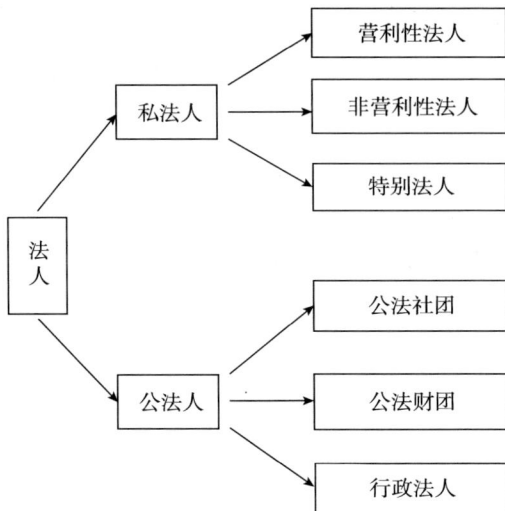

图 5-1　法人的分类

（三）明确法律地位的路径

　　世界范围内，确定法定机构的法律地位主要有四条路径选择：第一条路径是以日本为例，日本是大陆法系国家，有成文法的传统。法定机构是英美文化下的产物，为了让法定机构在日本能够很好地实施，日本政府在行政改革中，将英美法系的新公共管理运动同大陆法系公法人制度相融合，创造独立行政法人。日本在 1999 年通过了《独立行政法人通则法》，以一部专门的规定法定机构的法律，统领所有法定机构的设立、运行和监管。《独立行政法人通则法》明确了独立行政法人的运作方式、基本制度及其他事项，与订立各独立行政法人的名称、目的、业务范围等相关事项之法律（以下称"个别法"）相互集合，其目的是确立独立行政法人制度，并规定独立行政法人从公众观点办理事务及策划确实的实行业务、增进国民生活之安定及社会经济之安全发展、关于各独立行政法人的组织运营及管理，除个别法设定外，也依该法规定执行。可见，《独立行政法人通则法》同设立各具体法定机构的法律法规是一般法与特别法的关系。日本制定一部法律确定了法定机构的法律地位。第二条路径是以新加坡、中国香港特别行政区为代表的"一机构一立法"，每个法定机构都有其专属的一个法律来对其进行规定，各个法律之间是相互独立的关系，每个法律只对它针对的法定机构负责。第三条路径是以德国、法国为代表的，法定机构被作为法人制度的一个分类，在德国属于公法社团，在法国属于公务法人，由所属的部门法来规范规定。第四条路径是以英国、美国为代表的，在英美法系国家中，并不强调在成文法中对法定机构作出专门规定，而且英美法系也并没有严守公私法的区分，法定机构更多是因为政治上的需要而设立的机构，例如，为了脱离党派之争，维护美国长远利益，从而设立的法定机构——美联储。

在当下，我们明确法定机构的法律地位可以采用第一条路径和第二条路径相结合的方式，即先采用第二条路径，等条件成熟后再采用第一条路径。法定机构目前在我国还处于探索阶段，借鉴新加坡、中国香港特别行政区的"一机构一立法"能够鼓励创新，激励法定机构的实践，积累经验，再不断完善。时机成熟后，进入攻坚克难阶段，要实现法定机构的稳定发展，需要借鉴日本的经验做法，将法定机构作为行政法人，制定一部总则对行政法人的基本运作、基本共通制度及其他事项进行总体规定。

第二节　行政化问题

法定机构之所以能突破传统行政管理体制的壁垒，体现其独特的组织意义，其重要特征就是自治性和灵活性，这也是事业单位改革中选用法定机构的法人治理模式想要达到的最终效果。但是，当下法定机构在运行中普遍存在行政化的问题，行政化已经成为制约法定机构发展的瓶颈。

一、行政化的现象

法定机构的行政化主要体现在权责关系不清晰、运行机制改革不彻底、原有行政事项的转变不彻底三个方面，笔者通过对三个方面的分析，总结出法定机构的行政化解释框架（见图 5-2）。

（一）权责关系不清晰

法定机构与传统部门不同，最明显的创新之处，就是将法人治理机制引入公共部门管理中，行政主管部门对法定机构不是单向的控制和命令的关系，而是通过制定政策方向和派人加入理事会，来对法定机构进行管理和引导。但是，对于这种新型管理方式，人们总需要一定的接受时间。特别是对于政府部门而言，改变其固有的工作流程，是很困难的。因为法定机构承担了公共管理和公共服务的职能，虽然履职效果差会对法定机构的绩效和存续产生很大影响，但是公众和上级部门对公共服务和公共管理的评价，最终也还是追责到当地的政府部门。在这种先天情况下，政府部门并不愿放弃对法定机构的严格管控和直接干预，具体表现在：通过下放事项，附加给法定机构更多的职责；通过上级定期检查，过问干预法定机构的内部事务；通过经费预算的控制，对法定机构的活动范围和人员绩效严格限制。这些现象产生的原因，就是法定机构和政府部门之间的权责关系没有理顺。法定机构的灵活性和自治性受到了法定机构的负责人的晋升等因素的牵制，没有充分发挥法人治理机制的作用，让这种多方参与的理事会流于形式，没有发挥自主决策功效。

（二）运行机制改革不彻底

从图5-2的法定机构行政化的解释框架中，能发现：一是通过引入法定机构的法人治理机制，缓解政府、社会、市场之间冲突，引入社会参与治理，从而缓解政府施政压力，进一步促进市场经济的发展。二是政府与法定机构的相互关系。法定机构从政府部门获得社会资源和合法认可，政府需要法定机构分担公共管理和公共服务职能，在实践中，法定机构虽然不隶属于政府，但是由于二者之间的天然联系，法定机构容易被政府控制。三是法定机构内部人员的行动惯性和思维惯性。特别是转换设立的法定机构，原有机构的人员很容易把固有的工作思维和工作流程转移到法定机构中，使得法定机构虽然表面上进行了法人治理机制的改革，但是在具体工作中，由于工作人员没有改变，还是按照原有的工作流程和方法来工作。改革的不彻底性，导致国内部分法定机构的实践，某种程度上实际上更加类似于政府为了优化行政管理机制而采取的管理技术上的创新，而非真正意义上的政府治理结构的创新，法定机构并未完全实现预期的治理目标。

（三）原有行政事项的转变不彻底

对法定机构进行改革，涉及利益的重新分配，必然会受到多方牵制，并遇到阻力。特别是转换设立的法定机构原有人员的编制问题、工资待遇问题，处理不好这些问题，将会使改革流于形式。法定机构设立最多的广东省，在省级层面的支持与鼓励下，在组织、人事、财务等方面形成了合力，各个机构间能够相互配合，共同努力，实现了法定机构试点工作的顺利进行，但是仍然存在不完善的地方，最突出表现就是在法定机构的建立初期，体制机制尚未完备，各部门之间的关系需要进一步协调，特别是人事和财务等各部门相关利益的分配方面存在较大的瓶颈，这是法定机构改革的困难所在。

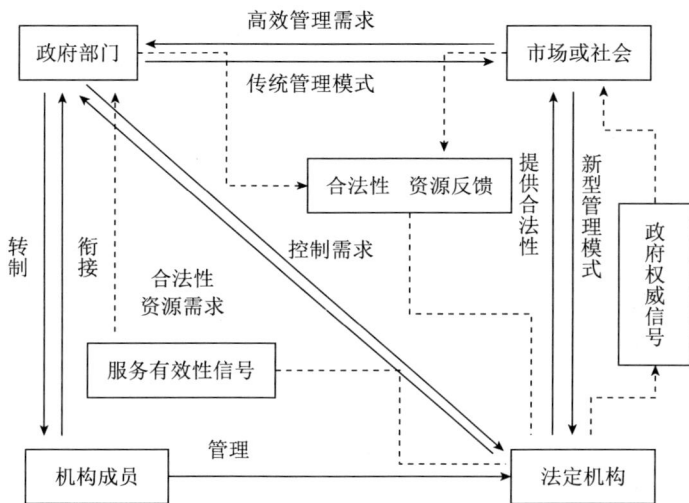

图 5-2　法定机构行政化解释框架

二、行政化产生的原因

法定机构行政化是三方共同作用的结果，要破解法定机构行政化的难题，就要从这三方角度分析，各个击破，彻底根除。

（一）政府方：委托方的控制导向

1. 政府对法定机构的目标控制导向

政府是委托方，法定机构是代理方，二者是"委托—代理"关系中的双方。为了防止代理方的道德风险，要求代理方按照约定履行职责，政府必然会通过各种方式来加强对代理方的管理和监督。在法定机构和政府的关系中，理想化的状态是政府通过制定引导性的政策在理事会中发挥作用来规范法定机构的运作过程，处理政府和法定机构二者之间的关系。虽然，要赋予法定机构灵活性和自治性，但是法定机构涉及履行公权力的职责，出于公共利益的考虑，要防止法定机构出现方向上的移位，所以，政府作为委托方，为了实现委托的任务，总是倾向于对法定机构进行控制。

2. 法定机构对公共资源具有依赖性

政府能够成功控制市场和社会上的各种资源，并通过这种对资源的控制，来实现各种机构之间的平衡。法定机构要获得自身的发展，必然需要社会资源、市场资源的支持，获得资源不仅是法定机构的倾向，也是法定机构的负责人和内部员工的追求。所以，不可避免的，法定机构对提供公共资源的政府具有极强的依赖性。

3."委托—代理"关系的必然

政府与法定机构处于委托—代理关系的两端，作为委托方，政府为了确保达成其目的，必然会对代理方进行必要的干预和介入。例如，深圳前海管理局自成立以后并未实现完全独立，政府也无法允许其实现独立运作，深圳前海管理局在不断承接上级下放的各类审批权限，接受各类业务指导的情形下，不可避免地向行政化回归，甚至除了人员身份、薪酬体系之外在运作方式上与一级政府并无过多区别。政府将可以转移出去的，并且转移出去后能更加高效履行的公共职能，委托给法定机构来承担。

（二）法定机构方：代理方的合法性资源需求

1.设立初期法定机构形成运作规范的需求

法定机构以开发创新为机构目的，在短期内要实现多项区域发展目标。在成立初期，法定机构同行政机构在运作方式上有着相同性的需求，原因在于：一方面，万事开头难，在初期发展阶段，法定机构需要社会资源和经济资源的支持，采用与政府相同的运行机制和方法，能够使和政府之间的沟通联系更加顺畅，也更容易从政府一方获得支持；另一方面，建立初期法定机构需要迅速建立一整套工作规范，因为法定机构中的人员中很多都是来自政府部门的，采用同政府相似的工作方式和流程，能够更加迅速地让员工投入到工作中来，省去培训员工的时间成本。

2.法定机构的合法性需求

法定机构的合法性是法定机构内外部关系信赖的重要保障，也是其获得认可、获得履职活动支持的重要保证。因此，为了满足合法性需求，法定机构倾向于获得政府的支持和帮助，在与政府的关系上，也容易处于被动。例如，在深圳前海管理局的年终总结中，就明确提出要借助与政府部门之间的密切联系，建立深圳前海管理局在社会、市场上的公信力。

3.法定机构获取资源的需求

在法定机构的运行中，特别是设立初期，政府财政拨付仍是法定机构的主要经济来源。法定机构通过向政府部门以契约方式提供公共服务和公共管理，来获取相应的财政支持；根据职责范围，来制定财政预算。这种对财政资源的紧密依赖，使法定机构将更多的精力投入到处理与上级主管部门之间的关系、部门内部的关系沟通、和同级部门之间的关系理顺上。这种关系的应对和处理，容易造成人才逆淘汰，同时提升内耗，不利于完成设立法定机构的初衷，失去灵活性和自主性。

（三）内部行动者方：政府官员嵌入与行动惯性

一是法定机构负责人的晋升激励。我国法定机构的负责人大都保留了行政级别，一方面，在法定机构的发展和政府要求的满足发生冲突时，法定机构负责人的身份就会很微妙。[①]另一方面，对于机构核心行动者而言，他们存在通过掌控组织中的公共资源来追求政治激励的可能性。[②]

二是法定机构工作人员的行动惯性。以深圳前海管理局为例，深圳前海管理局的工作人员中仅有负责人保留了行政级别，内部的其他工作人员没有行政编制。内部人员的构成有两类，一部分是由政府部门转制而来的，另一部分是法定机构成立后从社会上招聘的。调研中了解到，后期招聘的社会人员大多从事专业性、技术性的工作，而前期从政府部门转制而来的则从事管理工作。从政府部门转制而来的这部分员工，可能会将之前政府部门的管理方式转移到法定机构的管理中。

三、去行政化的对策

美国经济学家布坎南认为："政府作为公共利益的代理人，其作用是弥补市场经济的不足，并使各经济人所做决定的社会效应比政府进行干预以前更高，否则，政府的存在就无任何经济意义。"因此，推行法定机构管理必须进一步推动政事分开、管办分离，实现政府决策职能和执行职能的相对分离与相互制约。重新定位法定机构与政府之间的关系，去除法定机构的行政化，建立政府和法定机构有效的责任机制。

（一）厘清政府部门特别是主要政策部门的权力边界

法定机构的行政化倾向是政府与法定机构"委托—代理"关系的必然，需要将"委托—代理"关系转变成与服务对象之间的"供需"关系，并基于供需关系设置激励机制、调配人力资源，最终提高公共服务效率。

具体操作办法，首先，以设立法定机构之法为基础，根据法定机构和主管

---

① 参见张奇林、石磊：《陷入还是自主：中国慈善组织的"结构洞"——以湖北省慈善总会为个案》，载《武汉大学学报（哲学社会科学版）》2015 年第 4 期。

② 参见金太军、沈承诚：《政府生态治理、地方政府核心行动者与政治锦标赛》，载《南京社会科学》2012 年第 6 期。

部门之间的事项分工，制定二者的权责清单，明确二者之间的职权分工。在每个预算年初，主要政策部门根据法定机构上一年的绩效评估和制定的权责清单，确定本年给予法定机构的财政拨付经费。如果政府交办的事项超出了原定的法定机构的权责清单，政府就应该通过服务购买的方式，来购买服务，并给予相应的资源支持。按照合同式的方式来解决这些突发任务和临时任务的交办，而不是简单的行政命令，这对于保证法定机构的灵活性和自治性有很大作用。其次，要充分发挥法定机构的法人治理机制的作用，把理事会做大做强，充分发挥理事会在法定机构自身事务决策中的作用，主要政策部门不再是通过行政命令的手段单向控制法定机构，而是通过在理事会中的政府一方的代表来表达其观点、意见。最后，要加强统一协调部署，要明白法定机构的自治性，法定机构的去行政化，并不是去党化，相反要加强党的领导，例如，我国法定机构的治理模式都是党委领导下的局长负责制或者校长负责制，必须要发挥党在法定机构各项事务中的统筹领导作用，虽然不直接管理法定机构的具体业务，但是对于大政方针和发展方向上一定要把握方向和制度，这也是我国法定机构与世界其他地区法定机构最本质的区别所在。

（二）保障法定机构自治性与适距控制的平衡

法定机构的运作与政府部门的运作不同，法定机构在运行上"决策层 + 执行层 + 监督层"的法人治理机制，具有灵活性、自治性。如何既能保证法定机构合理合法地履行公共管理或公共服务的职能，同时又能调动法定机构的灵活性和积极性，大胆尝试，勇于创新？在我国事业单位的改革中，有些事业单位没有转变成法定机构，但是在管理方式上有了一定改变，也引入企业的管理方式，但是由于不像法定机构有系列完善的配套改革方案，事业单位引入企业化管理的方法，只是在人事管理上，不够彻底，而且缺少相关规范的支持，这种改革容易成为个别利益集团为保证自身利益采取的手段。所以，法定机构不是小修小补，是事业单位的大换血，但同时也是最彻底的改革。事业单位法人化后还是通过上级命令的方式来管理事业单位，但是法定机构已经转变成利用政策引导和文件规范来进行适距控制，不再是单方向的"命令—服从"模式，而是要达到自治性与适距控制之间的平衡。

（三）在职能划分方面区别对待去行政化

如前所述，从目前我国试点的29家法定机构来看，其职能大致可划分为三类：公共管理类、公共服务类和公共事业类。这三类职能之间既有共性又有个性。共性是都具有公共目的性，这也是法定机构的法律特征，政府要把"应该做"（如公共管理和公共服务）但又"不方便做"（如政府服务不能够收费）、交给市场做又往往做不好甚至做不来的工作，交给法定机构来做，这是法定机构存在的意义和价值，也是法定机构所有职能的目的。三类职能所具有的个性，主要体现在职能定位上。其中，公共管理类的职能定位在国家间接行政的一种方式，所以基于管理需要的行政权力，各方面的制度设计和运作规则会参照行政机关来设定。公共服务类的职能定位在满足"小政府大社会"的需求，所以对于提供公共服务的的法定机构，由于其专业性和服务性，在制度设计上会更偏向于企业。公共事业类的职能定位在培养高、精、尖的人才，所以这类机构主要从事教育、科技行业，要能够体现社会大多数成员的需要，具有公共性、事业性和非营利性。

从这三类职能的个性上看，要区别对待去行政化的问题。一是对于公共管理类的法定机构，在职权范围上与政府机构有着天然的联系，是行政化的高发领域，去除行政化的关键在于理顺法定机构和政府部门之间的权利义务关系，以及理事会和主要政策部门之间的决策和监督分工。只有科学界定法定机构和所属政府部门之间的权责关系，建立分工明确、衔接顺畅的机制，充分保障法定机构的独立性和自主性，改革才能取得实效，否则可能既削弱法定机构的独立自主，降低法定机构的运作效率，导致无法实现法定机构的预期目标。二是对于公共服务类的法定机构，去行政化的关键在于，将政府与法定机构"委托—代理"关系转变成与服务对象之间的"供需"关系，并基于供需关系设置激励机制、调配人力资源，最终提高公共服务效率。要采用契约型手段，而不是传统的命令、指导的方式，用合约来管理此类法定机构。三是公共事业类法定机构，主要代表就是高校，针对这类法定机构要强调以公共利益为核心，以增进全人类的福利为根本出发点，因此应在公共领域内应给予此类法定机构最大的灵活性和自主性，才能吸引人才，实现创新发展。政府对此类法定机构主要是指导和帮助，尽量减少不必要的管制和约束。

第三节 复杂的关系问题

法定机构复杂的关系问题，体现在两方面，即复杂的外部关系和复杂的内部关系。在外部关系上，本章第二节详细论述了法定机构行政化的现象、产生原因和解决对策，法定机构固然要避免行政化，但是凡事都具有两面性，不能忽视法定机构与政府部门的天然联系。法定机构承担公共管理和公共服务的职能，作为国家间接行政的手段，天生与政府部门有着千丝万缕的联系，法定机构去行政化不意味着全然割裂同政府之间的联系，而是要在和政府部门联系的前提下，用最合适的方式做好对法定机构的控制与改进，既不能同政府的关系太近，也不能脱离政府，如何处理好二者之间的复杂关系是法定机构发展的难点。在内部关系上，主要体现在法定机构理事会中各成员之间的关系，以及法定机构各层治理结构之间的关系。

一、外部关系问题

法定机构作为国家间接行政的重要方式，履行公共管理和公共服务的职能，天生同政府有着必然的联系。虽然法定机构有自治性，但是这并不是说法定机构要切断同政府部门的联系，相反，政府部门对法定机构的指导帮助是法定机构依法运行的重要保证。世界各地的法定机构实践中，在保持政府与法定机构的联系上，采取了很多行之有效的措施，例如，英国的"下一步行动计划"中就有框架协议，由政府决策部门制定框架协议，法定机构要在框架协议的范围内开展执行活动；新加坡的法定机构都是隶属政府机构的，接受来自政府部门的指导与管理；中国香港特别行政区的法定机构由中央政策组对负责人的人选提出建议。

因此，法定机构从来不能脱离同政府的天然联系，更不可能成为一个独立王国。法定机构的设立领域在公共部门之中，从事的职责也都是公共事务管理和提供公共服务，以公共利益为目的，需要政府对其方向予以把握和指导，这样才能保证法定机构依法运行。政府对法定机构的持续的指导和帮助必须是有规律、有规则的，要控制一个合理的范围和程度，如果太强，容易陷入行政化；如果太弱，很可能不能维护好公共利益，所以需要把握一个尺度。按照目前我国的实际需要，主管部门对法定机构主要采用三种方式来指导帮助：第一种方式就是加强党的领导，法定机构都是党委领导下的局长负责制或校长负责制，要树立社会主义核心价值观，发挥中国特色社会主义的优越性；第二种方式是最常见的，就是通过制定法定机构的短、中、长期规划、目标任务来对其进行方向上的指导；第三种方式是业务指导，定期组织培训加强对从业人员的指导和帮助，同时通过制定政策对其进行政策上的把控。

适控距离是指政府部门对法定机构的控制尺度，反映了监督管理和自治运行两种力量之间的平衡状态。政府的监督管理体现在：一是对法定机构的财务报表、履职情况、计划完成情况进行评估考核；二是通过问责机制，对法定机构的负责人进行管理和监督；三是定期对法定机构的运行情况进行披露；四是通过财务预算和财政拨款来控制法定机构的发展。法定机构的自治运行主要体现在：一是通过企业化的管理方法对内部人事考核和选拔人才作出决策；二是突破传统的公务员制度，通过法定机构自身的绩效考评方法对员工薪酬进行分配；三是可以收取公共服务收费，实现自收自支；四是可以从事市场活动，参与社会治理。

可以预测，随着法定机构的发展，法定机构所涉及的领域也会越来越多，来自于政府部门的管理和规制也会越来越广泛和频繁，为了防止行政化，避免法定机构在实质上成为一种新型的政府部门，需要对这种适控距离进行平衡。政府部门在同法定机构之间的关系上天然占有优势地位，政府对法定机构的控制不能采用强硬的措施，应该采用柔性的方案，不能采用直接的监管，应该采用客观的监管方式，具体来说：一方面可以通过设立法定机构的法律法规来加强对法定机构的管理，另一方面通过听取法定机构负责人的述职报告等方式，定期对法定机构的运行情况进行指导。法定机构的自治性需要进一步加强，现如今我国内地 29 家法定机构暴露出的问题主要是行政化的问题，说明法定机构的自治性和灵活性还有进一步提高的空间，但是提高也不是说没有限制的提高，需要在一定的范围内，不能突破法律法规的规定，也要时刻体现公共目的性。

二、内部关系问题

"法定机构 + 业界共治"被上海浦东自贸试验区选择作为制度创新的探索方向，成为地方政府激活区域发展动能、协调区域发展矛盾的产业治理新方案，掀起区域治理领域的供给侧改革。2016 年，上海陆家嘴金融城发展局在国内首创"法定机构 + 业界共治"的治理机制，由区政府联合金融城内的入驻企业发起成立上海陆家嘴金融城发展局理事会，理事会的构成比例见图 5-3。

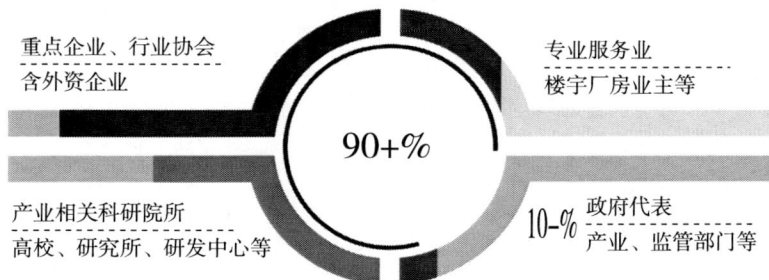

图 5-3　上海陆家嘴金融城发展局理事会的构成比例

（一）业界共治问题

法定机构和业界共治[①]是两个完全不同的概念，法定机构是行政体制改革下催生的一种组织形式，而业界共治是为打破资源供需壁垒，降低中间成本，激发企业参与公共治理热情，将政府政策单向输出转变为共同协商、共同治理。从图5-4可以看出，业界共治主要是为了解决三大难题：一是政府的信息不对称，供给不精准；二是企业的需求个性化，声音太微弱；三是社会中介的供需对接难，交易成本高。将法定机构与业界共治相融合，主要是指在机构定性上采用法定机构的方式，赋予组织结构灵活性和自治性，在自治性和灵活性的前提下才能够突破传统政府部门运作模式的限制。在法定机构内部的理事会的组织和运转上采用业界共治的方式，激发各主体公共治理热情，将单向输出转变为共同协商、共同治理。

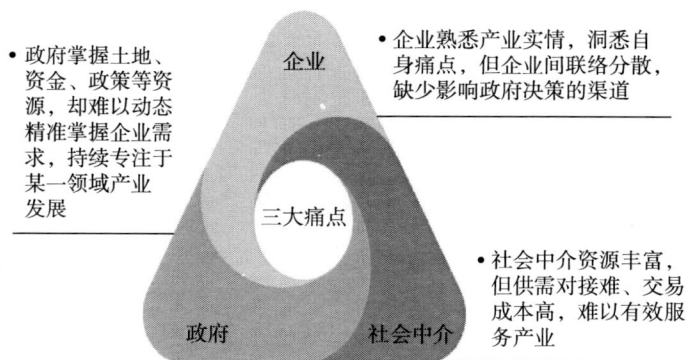

图5-4　传统单纯依靠政府主导的模式暴露三大痛点

（二）理事会各方的工作关系

"法定机构 + 业界共治"的定位是金融城内的企业共同参与到理事会中，一同参与到法定机构的治理中。在业界共治的理事会中，聚集了业界各方代表，反映业界需求，促进区域和产业发展。在"法定机构 + 业界共治"运行机制中，以业界共治理事会为主体。理事会成员主要来自产业内重点企业、行业协会、对口科研院所、专业服务业代表等，充分代表产业生态圈集体利益。理事会具

[①]　业界共治是以理事会为主体，汇集业界各方代表，凝聚业界整体力量，体现业界意志，推进区域和产业发展。

146

体开展以下几方面工作：一是参与区域发展重大事项讨论与决策，开展全产业生态圈研究，广泛倾听产业声音，助推产业生态圈建设与企业发展；二是研究营商环境优化、产业品牌推广、产业协同创新、行业自律与风险防控等专项问题，并提出方案建议；三是秘书处发挥常驻优势，与政府部门密切沟通，评议产业发展工作，评价反馈政策效用，积极建言献策。

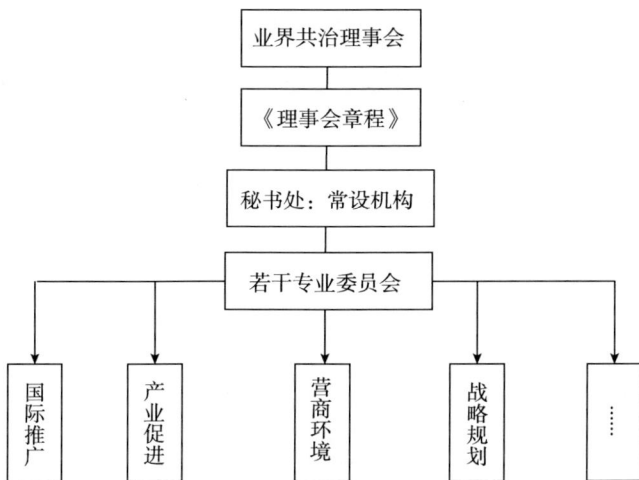

图5-5 "法定机构＋业界共治"的组成模型

以上海陆家嘴金融城发展局为例，业界共治理事会颁布《理事会章程》，规定理事会的运作机制。理事会设秘书处为执行机构（陆家嘴金融城理事会秘书处常设在陆家嘴发展局）。设立国际推广、战略规划、产业促进、营商环境、产业风险防控等专业委员会部门具体研究相关事务，非理事单位也可加入相关专业委员会。

1. 专业化

通过专业化的优势，以对产业的专业理解，主动向政府要政策。由产业被动等政策，出台前临时性、突发性征集意见，转变为业界共治专业委员会围绕区域发展规划、产业规划等，协调产业利益，拿出成熟方案向政府要政策。例如，成都大数据和网络安全理事会将与成都高新区新经济发展局共同负责区内大数据和网络安全产业规划、政策制定、企业服务、品牌推广和项目论证评估等工作。

2. 多元化

通过多元化的优势，培育促进产业生态圈内生外延，打破供需壁垒。发挥业界在构建产业生态圈、行业自律、风险管控等方面的作用，由政府、企业各自为战转变为生态圈共谋增长。例如，上海陆家嘴金融城发展局理事会召开楼宇工作会议，作为金融城运行和管理的生态单位和主要载体，首批55家楼宇签定《陆家嘴金融城楼宇公约》，进一步加强事中事后监管和楼宇业主自治自律，强化金融风险防范，夯实产业生态。

3. 国际化

通过国际化的优势，聚焦营商环境、产业品牌，提升区域和产业全球竞争力和影响力。结合秘书处长驻优势，围绕服务效率、权益保护、国际推广等产业关切主题，由项目拉动转变为产业齐头并进。例如，上海陆家嘴金融城发展局理事会将设立国际推广专业委员会，举办国际交流合作互动，促进金融城的企业进入国际市场的机会，提高国际知名度和影响力。

（三）"法定机构＋业界共治"对理顺各方关系的价值

业界有诉求，国际有惯例，是"法定机构＋业界共治"改革的基础。随着金融城开发走向成熟，越来越多的业界机构渴望参与金融城的管理，而从单一的政府管理转向多元参与的区域治理，则是世界许多金融城取得成功的法宝。

上海陆家嘴金融城作为改革的先头兵，为未来我国金融区域的创新发展提供了一种思路和实践。从以上分析中可以看到，无论是已经进行的上海陆家嘴金融城还是未来其他金融城法定机构的实践，要实行好"法定机构＋业界共治"的改革，应该从两个方面着手。一方面，从业界视角来看：一是强化主人翁意识，释放业界当家作主能动性；二是突出产业代表性和政企协商平台优势，以及常设秘书处职能，紧密沟通、建言献策；三是专业委员会深入各细分方向，聚焦产业发展重点、难点问题，最终实现专业化、多元化、国际化产业发展和产业生态圈建设。另一方面，从政府视角来看：一是扩大公共治理和参与政策制定的窗口范围，鼓励建言献策；二是开放多元公共治理场景，向理事会赋能政务大数据等资源，支撑专业委员会发挥专业能力；三是设立专项法规、政策、基金，支持业界共治发展；四是匹配法定机构等先进治理体制，发挥业界共治更大效用。最终建成国家相关领域重大改革措施先行先试的承载平台，从而形成更加开放的公共治理格局。

三、我国法定机构的法人治理机制

在全面总结我国内地现有29家法定机构的成功经验的基础上，总结出我国法定机构的法人治理机制，见图5-6。

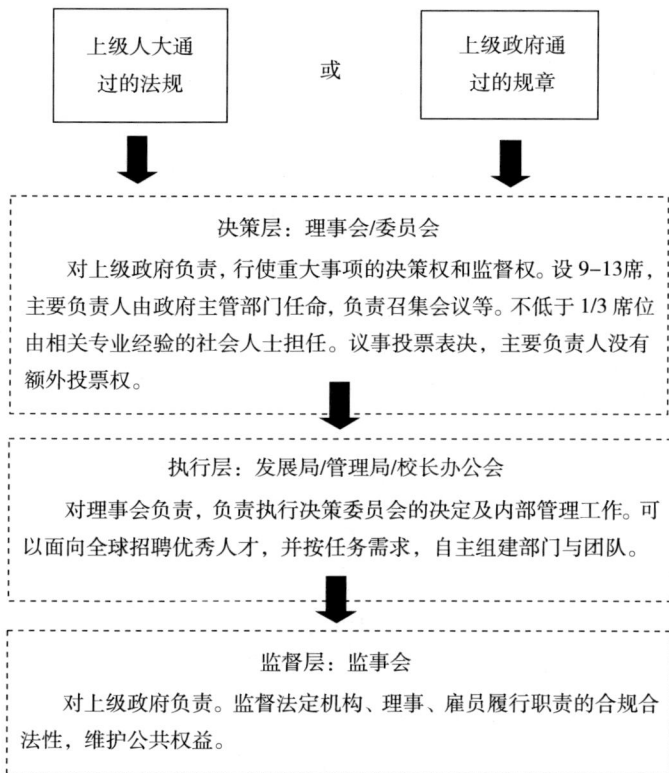

图 5-6　法定机构内部治理结构

从法定机构的内部运行机制上看，主要分为决策层、执行层和监督层，明确三者之间的关系，发挥彼此之间的制约作用，是发挥法定机构法人治理效能的关键。但是，在调研中也发现，实践中部分法定机构三者之间的分工不清晰，存在"两头轻、中间重"的情况，即决策层和监督层发挥的作用不够，流于形式，话语权不重，经常被执行层牵制。鉴于此，要充分发挥法定机构的法定性，不能用执行代替监管和决策，既要严格审查法定机构的运行章程是否符合设立法定机构之法的要求，是否体现了法人治理机制，又要严格依照章程来履行职责，用章程来明确各方关系，严格按照法人治理机构来依法运转。

第六章
法定机构的未来发展

如前所述，法定机构对于我国来说是一个舶来品，法定机构在我国实践仅十几年，但是目前我国内地的法定机构已有 29 家，而且逐渐增多，学术界对该领域的研究也在逐步深入。我国引入法定机构的初衷，是作为事业单位在我国未来改革的探索，随着实践的不断深入，法定机构已经成为我国实现开发区、自贸区功能定位的新思路，实现事业单位突破发展的新需要，实现我国行政法新发展的新动力。我国法定机构的发展进入深层次的探索和实践中，具有广阔的发展前景。

第一节　法定机构的中国特色

十九届四中全会上，国家治理体系和治理能力现代化进一步被上升为全党战略任务，明确到 2035 年要基本实现社会主义现代化。可以说，未来 30 年，国家治理现代化的建设将是社会科学领域中的重点问题，着眼于政府、市场、社会之间关系的重新定位。法定机构作为融合经济规律和国家意志的产物，体现了社会多元化、法治化精神，具有不可替代的制度优势，是推进国家治理现代化，重塑政府、市场、社会关系的改革途径。

一、法定机构能够突显国家治理现代化的中国特色

国家治理现代化是国家治理体系和国家治理能力现代化的总称，其中蕴含

着制度体系的重构、治理方式的更新以及价值观念的表达。[①]国家治理现代化在价值取向和政治主张上区别于西方的国家治理。国家治理现代化，落脚点在现代化，"现代化"是一个相对概念，既有在空间维度中对不同国家的比较，也有在时间维度上对国家在不同发展阶段的比较。所以，把握国家治理现代化，要深刻认识到西方国家治理概念的本质是多主体、多中心的社会自治，[②]而国家治理现代化强调中国共产党作为领导核心总揽全局、统筹各方，运行按照领导核心、多方参与、各司其职的机制。法定机构中国化的实践，意味着中国不再简单地模仿，也不再顽固地坚持，而是立足富于理性的自主意识，立足中国国情，立足深化改革发展，走出一条具有中国特色的行政体制改革之路。法定机构是中国共产党对现代化的最新认识，具有明显的中国特色，指中国共产党作为领导核心总揽全局、统筹各方，国家、政府、社会多方参与、以法治为治国理政的基本方式，共同建设中国特色社会主义，建设法治中国，共享改革发展、民族复兴的伟大成果。而且，随着法定机构实践的发展，理论层面的研究也越来越深入，随着民法典的实施，法定机构已经成为民法和行政法的重要契合点，将民法的法人制度同行政法上的行政主体理论相结合，赋予其独立行政法人的法律地位，不仅对于丰富中国特色社会主义法治具有重要意义，也体现"中国之治"的要义。

二、法定机构能够彰显国家治理现代化的时代特征

国家治理现代化在本质上区别于中国封建社会的国家治理，从秦朝商鞅变法建立起一整套完整的治理体系开始，我国古代各朝各代都形成了自己的治国理政之道。封建社会的国家治理着眼于封建统治阶级的利益，目的是巩固皇权、维护统治。因此，中国古代历朝历代的变法、改革，例如商鞅变法、王安石变法、戊戌变法等，还有不同朝代采用的制度，例如三公九卿制、三省六部制等，其最终目的还是加强皇权，实现集权统治。与古代制度不同，国家治理现代化则立足中国特色社会主义制度，以增进人民福利、维护公共利益为出发点。作为国家治理现代化下行政体制改革的一部分，法定机构在治理机制上强调共赢、多赢和双赢，主要体现在：法定机构制度不是一整套规则也不是一种活动，而是一个过程；法定机构的运行机制的基础不是控制，而是协调发展；法定机构

---

　　① 参见江必新：《国家治理现代化与法治中国建设》，中国法制出版社 2016 年版，第3 页。

　　② 参见俞可平：《治理与善治》，社会科学文献出版社 2000 年版，第 3 页。

的关系治理既涉及公共部门，也包括私人部门；法定机构的实践不是一种正式的要求，而是持续的互动。

三、法定机构能够吸引海内外优秀人才共同参与国家治理

国家治理现代化落脚点在现代化，实现现代化，要求灵活性和创新性。法定机构作为新型的组织机构，一方面，具有灵活性，能够突破政府部门的壁垒，在人才选聘和绩效考核上具有更大的选择权，能够吸收优秀的国内外人才，同时打破编制的稳定，运用企业的人事管理方法，能者上庸者下，不断激励人才去创造价值。另一方面，具有独立性，法定机构之法是法定机构安身立命的根本，法定机构要严格按照此法规定的范围、方式、考核来活动，而不是传统的接受行政命令和上级命令，这也体现了法治的要义。

综上，要把握好法定机构的发展前景，要明确三点：一是中国特色的法定机构是属于中国自己的法定机构，有特色不特殊；二是中国特色的法定机构是被实践证明的好制度，有优势真管用；三是中国特色的法定机构是与时俱进的制度，要坚持又完善。

第二节　法定机构的发展前景

一、开发区、自贸区是法定机构模式运行的重要方向

从我国6个省、直辖市现有的29家法定机构发展来看，取得了一定的成绩，效果很好，也让还没有采用法定机构的自贸区、开发区跃跃欲试，可以说法定机构作为开发区、自贸区的新增长点，前景十分广阔，大有可为。

（一）开发区、自贸区采用法定机构方式的背景

自贸区、开发区成立以来，在经济、文化、贸易往来上大大推动了经济和社会发展，取得了成效，但是暴露出的问题也不少，比如开发性不够、灵活性不足、人才吸引力不强、激励机制不健全、管理体制落后等。[①] 这时候以灵活性、自治性、绩效性为法律特征的法定机构开始进入实务工作者的视野，使用法定

---

① 参见高小珺、高大石：《自由贸易试验区的制度创新与法律保障》，法律出版社2017年版，第67页。

机构这把钥匙打开自贸区和开发区进一步发展的大门。

表6-1 现有自贸区、开发区体制机制存在的问题

1	放权赋能不足的现状与跨区管理、参与世界一流园区竞争的职责矛盾。
2	与其他行政区共建分园，缺乏有力的责任共担、利益共享机制的现状与突破地域限制和行政壁垒，推动实现错位协同发展的矛盾。
3	园区财力供血不足与实现跨越发展的要求的矛盾。
4	绩效管理改革不彻底的现状与聚集优秀人才、充分释放主观能动性的要求的矛盾，招聘失效性差，活力、感召力、专业度不强。

从表6-1可以看到，自贸区、开发区体制机制存在的症结已经找到，这些问题很多也是区域治理共性问题。很多改革的先行者在探索治标治本的方法，法定机构成为有益尝试。放眼广州、深圳、上海，法定机构已经成为体制机制改革探索的重要方向。为了适应政府职能适应新时代、新经济转变，这些地区引进法定机构。例如，广东省制定《中国（广东）自由贸易试验区总体方案》《中国（广东）自由贸易试验区条例》，明确提出"探索设立法定机构"的要求，需要制定相关立法实现法定机构职责法定。"又如，上海提出要对浦东综合配套改革试点，通过"法定机构＋业界共治"满足浦东新区政府职能转变和陆家嘴金融城创新驱动、转型发展的需求。

（二）开发区、自贸区法定机构改革的内生动力

法定机构按照现代法人治理模式运行，通过厘清政府和社会职能，形成政社协同治理和服务的新模式，保证公共管理功能的同时，更贴近市场和企业用户，成为典型自贸区、开发区改革的组织形态。从政府派出机构走向法人直隶机构的模式，实现企业化管理运作，是自贸区、开发区实现行政治理机制的创新路径。

当下阻碍自贸区、开发区发展的主要有以下因素：一是国际关系紧张时不利于开放合作的实施；二是投资主体和企业的市场主体意识有待进一步激发；三是相关人才的缺乏制约开发区、自贸区发展；四是基础设施投入不足影响开发区、自贸区的快速发展。引入法定机构加入开发区、自贸区的管理是解决对策：一方面，面对国际敏感问题，很多不适宜由政府出面的合作、谈判等，可以由法定机构出面；另一方面，法定机构能够突破政府体制的条条框框，对优秀人才进行高薪和快速晋升的吸引，有利于吸引优秀人才。而且，法定机构引

153

入社会共同办理园区，也能节省政府开支。

如前文所述，我国不同的自贸区、开发区虽然在发展战略和制度的制定方面各有侧重，但都以制度创新为核心，在运行的过程中都强调进行对外贸易的体制机制创新，推进金融、制造、科技等体系的创新，以及加快政府职能转变，在各方面先试先行，促进我国的对外开放和体制机制改革。法定机构在许多国家收效很好，开发区、自贸区试行法定机构，发挥其先试先行的特色，总结成功失败经验，形成一套体系化的方案后，为后续我国整体上的行政体制改革提供参照，特别是为最终完成事业单位的分类改革提供依据。再者，法定机构的功能定位和机构性质，也能促进开发区、自贸区功能的发挥，主要体现在：一是根据园区内企业的需求进行制度创新。如上海陆家嘴金融城使用"法定机构＋业界共治"的运作模式，让园区内的企业一起加入到法定机构的理事会中，共同参与到园区治理中，照顾各方利益，集思广益，加速了创新资源的集聚。二是建立人才跨境流动机制，培育面向全球的人才发展环境。在开发区、自贸区内，法定机构虽然承担了公共管理和公共服务的职能，但是不属于政府部门序列，在法律定位上属于行政法人，具有较大的自主权，在内部运行机制和人才引进上，可以根据园区自身发展的需要，选择最合适的方式。三是如前所述，法定机构的法律地位属于行政法人，有相应的权利和义务，可以成为独立的诉讼主体。这是一把双刃剑，一方面能够激励法定机构进行大胆创新，具有较高的自主权，但另一方面，也要为自身的职责负责，当与企业、公民产生法律纠纷的时候，应当作为诉讼主体参与诉讼。特别是在国际贸易往来中，有些不方便由政府部门出面的纠纷化解，由法定机构作为诉讼主体，或许更能解决实际问题。

开发区、自贸区采用法定机构方式能够展现出四大优势：一是法定性的优势。立法机构设立，权责法定。传统体制下，对开发区、自贸区放权赋能不足、委托授权不稳定导致权责不一致等问题。法定机构能够通过立法，从而确定权责划分。例如，2015年8月，青岛市人大常委会审议通过《关于青岛蓝色硅谷核心区开展法定机构试点工作的决定》。二是专业性的优势。聚集政策执行，深接地气，将专业人员从繁杂政务中解放出来，以政府需求和公众满意度为导向，供给专业公共服务。传统体制下，以服务新经济为目的的园区管委会，却主要履行管理职能，没有充分履行发展职能，精力不聚焦，推动力不足。例如，上海陆家嘴金融城发展局以优化综合部门、强化业务部门、搭建专业运作平台为部门组建原则，实现了轻型化、扁平化、国际化的改革目标。市场化运作是保证战斗力的关键。三是自治性的优势。主要体现在经费自负盈亏。法定机构经费来源通常分为政府购买服务、资产和税收收益、政府差额补足和资本市场融资等多种方式，既保证了效率导向，也解决了园区财力不足问题。四是灵活性的优势。用人独立，全球招引人才。传统体制下，开发区、自贸区隶属于上级政府，预算、用人受限于编制。例如，深圳前海管理局与其工作人员签订聘用合同，规定任期、明确岗位，以岗定薪、绩效调节。前海和南沙产业园成立后，顺利解决了港澳人才的聘用问题，通过有竞争力的薪酬留住了多元化的专业人才。深圳前海管理局40%的工作人员来自政府部门，一年过渡期后，可选择回原机关单位，也可以选择留下，并办理公务员出编手续。

综上，园区发展采用法定机构将成为趋势。法定机构更倾向于可持续的、结果导向的激励机制，无论对法定机构本身，还是对园区、区域及城市管理发展都有正向健康的促进意义。一个更实际的意义在于，法定机构能够减少人才流失。还是就园区领域而言，很多具有能力和经验的体制内园区管理人员近年来流失严重，因此，法定机构这种更为灵活和贴近市场化的模式，未来有可能在这个层面对抗这种流失趋势。尤其是在产业园区、产业新城领域，与绩效紧密挂钩的更有吸引力的薪酬和奖惩机制会留住更多有能力的精英，一个园区、一批企业发展起来之后，这些红利收入理所应当地分配给做出贡献的管理层。

（三）开发区、自贸区采用法定机构方式的未来着力点

开发区、自贸区作为产业创新发展的主力军，在颠覆、换场、迭代的新经济大趋势下，以法定机构为抓手打造服务型园区治理体系，成为园区产业育成和生态构建的重要途径。

一是整建制试点。第一，对于新开发的经济功能区，人口相对稀疏，社会管理事务相对较少，在规划建设之初即可以考虑法定机构治理模式，可有效发挥贴近市场、效率导向的优势，规避行政资源冗余、服务效能低等缺点，加快推进园区开发建设。第二，对于区域范围小、产业特色鲜明、核心功能突出、社会事务牵涉较少的成熟园区，类似于上海陆家嘴金融城，可整建制试点即退出政府派出机构式管理方式，通过发挥行业组织和市场作用，发起设立"业界共治＋法定机构"，探索轻型运作、灵活设岗、用人和激励机制，激发园区发展活力。

二是部分职能试点。对于成熟园区，既有提升政府服务效能、激发园区活力的需求，又肩负社会职能较多，行政事务庞杂，全盘皆动难成现实，可实行部分职能法定机构化。第一，将部分原有职能转轨，如招商部门，通过市场化招聘专业人员组建招商队伍或委外建立专业化招商局，核定效率优先、机制灵活的绩效考核和激励机制，有效提升招商工作成效。第二，另辟法定机构，以

适应新兴产业、创新创业生态营造等新经济发展要求，如针对智能科技、生命健康、大数据等新兴产业成立产业创新促进中心，负责特定产业的规划研究、战略制定、资源连接和企业服务等工作。

综上，法定机构在我国发展历史尚短，多有不尽完善之处，但总体仍是推进深化政府体制机制改革的一大方向。随着理论研究和实践经验的不断积累完善，必然成为园区治理模式变革的重要选择。

二、法定机构改革走向符合我国事业单位改革方向

事业单位主要承担了公共管理和公共服务职能，随着经济社会的不断发展，事业单位原有的管理方式逐渐成为影响事业单位的进步、创造的瓶颈。[①] 将法定机构作为事业单位未来的改革方向，主要是考虑到：一是引入绩效考核制度能够激发工作人员的积极性，在消极怠工和积极进取之间体现明显的不同；二是缓解财政压力，法定机构可以通过一部分的市场合法收入来自筹经费；三是法定机构在吸引人才上，能够突破行政编制，吸引海内外优秀人才。2015 年 3 月15 日，李克强总理在全国"两会"上答记者问时说："简政放权是政府的自我革命，削权是要触动利益的，它不是剪指甲，是割腕，忍痛也得下刀。"法定机构的设立有利于提升政府治理效果；而更多的社会参与，也能令社会发展更满足人民的实际需要。

事业单位转化为法定机构组织方式的，应找到以下着力点：一是发挥法定机构的专业性和灵活性，提高公共管理和公共服务的质量和效率。与政府部门、企业相比，法定机构具有一定的灵活性、公益性、专业性。因其灵活性，可以通过市场化的合法性收入来自筹经费。因其公益性，避免了企业追求利润最大化、以损害公共利益为代价来谋求自身利益的现象。因其专业性，克服了体制僵化，能够为行政相对人提供有针对性的公共管理和公共服务。二是发挥法定机构的"决策层 + 执行层 + 监管层"的法人治理机制，扩大公众参与。法定机构在扩大公众参与方面作用表现在把不该由政府承担或者政府可以不承担的职能承揽过来，让多元化的社会主体参与公共管理和公共服务，使国家和社会的权力资源得到合理配置，有利于构建政府和社会良性互动的格局，实现从"管制政府"向"服务政府"转变。此外，开展业务的情况要向社会公开，接受公众的监督也是扩大公众参与的应有之义。三是要对接好事业单位的改革要求。

---

① 参见胡税根、王汇宇、莫锦江:《我国事业单位改革政策发展研究》,载《北京行政学院学报》2018 年第 2 期。

本书建议公益类事业单位符合条件的，可以考虑转化为法定机构，例如已经存在的深圳公证处、深圳市房地产评估发展中心、深圳国际仲裁院等就是成功转化成法定机构的范本。

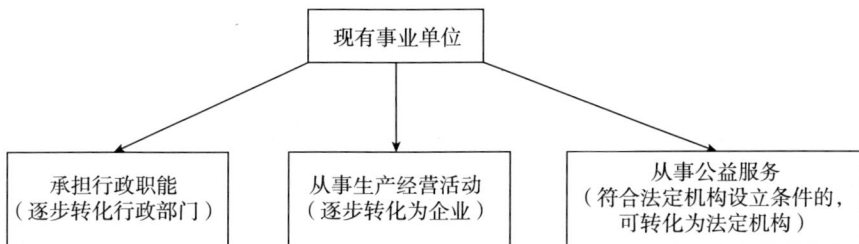

图6-1 我国事业单位的分类改革

第三节 法定机构的分类发展

从目前我国试点的 29 家法定机构来看，其职权范围大致可分为三类：公共管理类、公共服务类和公共事业类。

一、法定机构的职权定位

公共管理是指为了维护公共利益和社会秩序，对公共事务活动进行管理，具有管理性、单向性和强制性，强调对公众的管理。公共服务是指为了满足公众需求，利用公共资源，提供公众公共产品，提高社会福利水平，具有平等性、资源性和横向性。对于公共服务，政府需在公众的监督下，进行调度和使用。

关于公共管理和公共服务的主体，由于公共管理具有强制性，会对公民的权利构成实质性影响，而公共服务具有自愿性和非强制性，一般来说，对公民提供的是增益性的服务，所以对公共服务的主体没有公共管理的主体限制那么多，公共服务的主体比较广泛，公共管理的主体则受到法律的严格限制，只有被依法授权或者经法定程序接受委托的公共组织，才有获得公共管理职权的资格，例如，法律明文规定的政府部门（工商部门、金融监管部门等），还有法律法规授权后的委托主体。需要明确的是，法律规定，委托主体不能再委托其他主体行使公共管理职权。从行政法上说，公共服务的主体比公共管理的主体范围更大，我国的很多事业单位都承担了公共服务职能。

根据我国对事业单位分类改革的规定，我国的公共事业类单位主要在教育、科技、文化、卫生、体育等行业，这类事业能够体现社会大多数成员的需要，关系到人们有共同利益的公共事务，具有公共性、事业性和非营利性。

按照职权范围，将法定机构细分为这三类，有利于按照不同类别的职权将法定机构更好地定位，理顺出不同类别的法定机构的发展模式和路径选择，更好地体现法定机构的专业性和灵活性。

二、法定机构的职权分类

（一）公共管理类

以公共利益最大化为目标，公共管理致力于有效管理各项社会公共事务，保证社会有序运转。[①] 传统的管理理论认为，公共管理的主体只能是政府。但是随着经济社会的发展，越来越注意到，单靠政府一方来实行公共管理，不仅不能满足需求，而且也容易造成官僚化，为了解决这一问题，越来越呼吁社会来承担一部分政府的职能，一同参与到公共管理中来。伴随着治理理论在全球范围内的普遍流行，越来越多的国家和地区意识到运用社会力量参与到公共管理中，不仅能够缓解政府的施政压力，而且通过放权，能够更好地激发市场活力，提高国家治理水平。设立从事公共管理类的法定机构的目的是要分担政府的公共管理职能，承担那些需要更好专业性、开放性、技术性的管理职能。从目前试点的情况来看，公共管理类的法定机构分担的职能主要体现在对外贸易、经济发展上。[②]

虽然这一类法定机构，在职权上同政府部门有很大的相似性，但是不属于政府序列，而且职权范围有严格的限制（对于公安、消防、治安等公共管理职能，法定机构一般不承担）。法定机构同政府部门最大的区别就是在人事管理方式上，法定机构可以采用企业的人事管理制度，在人才招聘、内部管理、绩效考核等方面具有比政府部门更大的自主性和灵活性。再者，从履职方式上看，法定机构可以通过契约式的方式向有需求的单位和组织提供公共管理，这种做法能够提供公共管理的效率，改进公共管理水平，域内外实践中也都在逐步明

---

① 参见余敏江、刘丽华：《公共管理职能：涵义、边界及当代定位》，载《现代管理科学》2005 年第 2 期。

② 参见王保奋：《花园岛国新加坡》，中国展望出版社 1990 年版，第 43~44 页。

确法定机构的公共管理职能。[①] 例如，由于前海深港现代服务业合作区的特殊经济地位，深圳前海管理局作为合作区的管理机构。[②]

（二）公共服务类

随着经济社会的快速发展，公众对公共服务的需求日益增加，对服务质量的要求也越来越高，当下公共服务面临的重要问题是如何保证公共服务高效、有效的供给。在公共服务领域中，一直以来以政府提供公共服务为主要途径，但是随着主体的多元化发展，引入社会上的公共机构来提供公共服务成为越来越多国家的做法，提供主体的多元化发展也促进了提供的服务越来越有针对性。

从目前来看，选择法定机构从事公共服务的主要领域在专业领域和技术性领域，将这些服务工作交给法定机构来做，能够弥补行政机关和事业单位在这些领域相对保守、创新性、针对性不足等弱点。法定机构的法人治理机制通过灵活的管理方式，实现对薪酬绩效的有效调节，缓解政府的财政压力。公共服务的提供，除了需要公共资源的配给，最需要的还是公共人才的服务，服务质量的好坏还是人的因素在起最重要的作用。特别是对于一些专业性、技术性、创新性要求高的领域，人才的优劣直接决定了服务的效果。法定机构在人才引进和人才管理上，能够突破传统的行政管理方式，采用企业管理方式，具有极大的灵活性和自主性，能者上、劣者下，选贤任能，而且能够在合理范围内提供相比传统行政部门更具有竞争优势的薪酬待遇，保证最合适的、最优秀的人才进入法定机构工作，提供最优秀的公共服务。法定机构的引进最早的就是在事业单位的改革中，当时改革的目的就是改进公共服务的效能和质量，优化事业单位的管理方式和运作模式。从目前国内法定机构的试点来看，许多事业单位转化为法定机构来提供更加专业和优质的公共服务。

公共服务包括范围很大，但是从目前我国内地 29 家法定机构的试点情况看，法定机构的公共服务职能主要包括两个方面：一是执行服务，二是咨询服务。[③] 法定机构的执行服务，从起源之日起就有，英国的执行机构在名称上就直接体现了执行的功能。在法定机构的发展过程中，咨询服务职能在法定机构的

---

① 参见罗永祥、陈志辉：《香港特别行政区施政架构》，三联书店（香港）有限公司 2002 年版，第 237 页。

② 参见深圳新闻网：《作为一个法定机构前海管理局如何运作？》，载 http://www.sznews.com/zhuanti/content/2011-01/11/content_5248729.htm，2020 年 1 月 3 日访问。

③ 参见叶响裙：《公共服务多元主体供给：理论与实践》，社会科学文献出版社 2014 年版，第 26~27 页。

職能中占据越来越重要的位置。这主要是因为法定机构的专业性，特别是考虑到法定机构在某一个领域的人才集聚功能，能够集中人才为政府提供咨询服务。

（三）公共事业类

我国公共事业类的单位最典型代表就是学校。在新加坡的法定机构中存在大量公共事业类的法定机构，例如新加坡理工学院、南洋理工学院、淡马锡理工学院、共和理工学院等，这些公共事业类的法定机构，以提高公众教育水平、发展人才、推动人类社会精神层面的提高为事业，在新加坡的发展中起到至关重要的作用。我国学习新加坡的法定机构做法，成立南方科技大学。南方科技大学的战略定位是采用法定机构的"决策层＋执行层＋监管层"的法人治理机制，探索出不同于传统国内大学的办学模式，建立一所去行政化的纯学术性大学。南方科技大学作为一个采用法定机构形式的大学，是我国在公共事业的职权范围内运用法定机构的有益尝试，突破传统的高考录取模式，采用书院制的方式促进学生发展，给教师极大的自主权和参与权。虽然南方科技大学在发展中存在一些问题，但是要看到，作为内地公共事业类法定机构的唯一尝试，其是值得肯定的，未来应该继续推广和发展。

综上，从国家近些年法定机构的改革情况来看，目前主要在一些事业单位、开发区、自贸区尝试采用法定机构模式进行管理。我国内地已在 4 个省份和 2 个直辖市，设立 29 家法定机构。按照职责权限，试点单位可分为三类，见表 6-4。第一类为经济产业功能区管理机构，提供公共管理职能，如深圳前海管理局、青岛蓝色硅谷核心区管理局、上海陆家嘴金融发展局。第二类为职能服务型事业单位，旨在推动公共服务市场化，如佛山市顺德区产业服务创新中心、深圳公证处等。第三类为高校型事业单位，如南方科技大学。

表 6-4　我国内地法定机构的三大类型

公共管理类 （园区运营管理型） 15 家	公共服务类 （公共服务事业单位） 13 家	公共事业类 （高校） 1 家
深圳前海管理局	深圳市房地产评估发展中心	南方科技 大学
佛山市顺德区社会创新中心	深圳国际仲裁院	
青岛蓝色硅谷核心区管理局	深圳市计量质量检测研究院	
上海陆家嘴金融城发展局	青岛国际邮轮港	

160

公共管理类 （园区运营管理型） 15 家	公共服务类 （公共服务事业单位） 13 家	公共事业类 （高校） 1 家
广州市南沙新区产业园区 开发建设管理局	深圳市规划国土发展研究中心	南方科技 大学
合肥高新区	深圳公证处	
广州市南沙新区明珠湾开发建设管理局	深圳市住房公积金管理中心	
深圳市国家高技术产业创新中心	海南国际经济发展局	
深圳市公立医院管理中心	海南博鳌乐城国际医疗旅游先行区 管理局	
海南省大数据管理局	佛山市顺德区人才发展服务中心	
天津经济技术开发区	佛山市顺德区产业服务创新中心	
天津港保税区	佛山市顺德区城市更新发展中心	
天津滨海高新技术产业开发区	佛山市顺德区文化艺术发展中心	
天津东疆保税港区		
中新天津生态城		

从表 6-4 可以看出，我国内地试点的 29 家法定机构中，公共管理类的有 15 家，占比 51.7%，是最多的；其次是公共服务类和公共事业类。如上所述，组织的目的是组织机构设置的基石。法定机构的机构设置也应以法定机构要达成的目的为中心。不同职权类别的法定机构，其机构的主要目的也体现了不同方向的侧重，其中公共管理类的法定机构的目的侧重国家间接行政的方式，达到政府经济职能的转型和社会管理职能的增强；公共服务类的法定机构的目的侧重丰富政府公共服务职能的内容，提高公共服务的履行标准；公共事业类的法定机构的目的侧重采用法定机构"决策层 + 执行层 + 管理层"的运行机制促进学术发展和培养创新人才，发展科学事业。三类法定机构的应然路径应体现出机构目的、功能、定位的特性，在设立依据、运行机制、登记方式、绩效管理、监管体系上有所不同。

三、以职权为依据的法定机构分类实践

（一）公共管理类（园区运营管理型）法定机构的实践

公共管理类的法定机构作为国家间接行政的手段，各方面制度设计更偏向于行政机关，同行政机关最大的不同主要体现在人事管理上。可以说，法定机构的"半政府半企业"的特质上，这类法定机构更倾向"政府"一方。公共管理类法定机构实践的应然路径见图6-2。

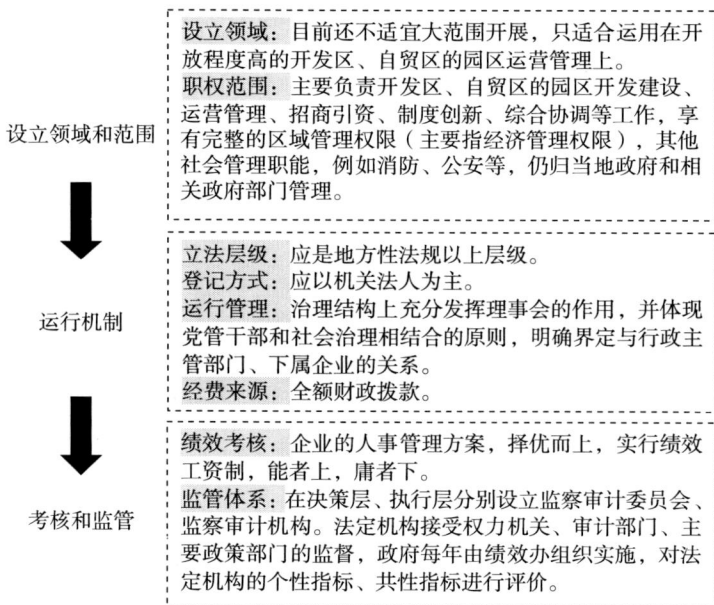

设立领域和范围

设立领域： 目前还不适宜大范围开展，只适合运用在开放程度高的开发区、自贸区的园区运营管理上。
职权范围： 主要负责开发区、自贸区的园区开发建设、运营管理、招商引资、制度创新、综合协调等工作，享有完整的区域管理权限（主要指经济管理权限），其他社会管理职能，例如消防、公安等，仍归当地政府和相关政府部门管理。

运行机制

立法层级： 应是地方性法规以上层级。
登记方式： 应以机关法人为主。
运行管理： 治理结构上充分发挥理事会的作用，并体现党管干部和社会治理相结合的原则，明确界定与行政主管部门、下属企业的关系。
经费来源： 全额财政拨款。

考核和监管

绩效考核： 企业的人事管理方案，择优而上，实行绩效工资制，能者上，庸者下。
监管体系： 在决策层、执行层分别设立监察审计委员会、监察审计机构。法定机构接受权力机关、审计部门、主要政策部门的监督，政府每年由绩效办组织实施，对法定机构的个性指标、共性指标进行评价。

图6-2 公共管理类法定机构实践的应然路径

公共管理类法定机构采用以上的应然路径，主要是考虑到：一是由于公共管理类法定机构的职能范围涉及公权力的行使，对公民的权利、义务影响大，出于对公权力的限制和公民合法权益的保护，所以在立法层级上要选择地方性法规以上层级的立法方式。二是在经费来源上应全额财政拨款，防止行政权力和利益主体结为一体，从而创建良好公平竞争的市场环境。三是主要领域在开发区、自贸区，不适宜在全国范围内大面积推广，主要是考虑防止一些地方将法定机构作为政府参与市场、谋取获利的手段，而不是真正地为了改变管理方式。而且，从目前发展情况看，法定机构也只适宜在经济对外开放程度高的地

区采用。四是在职权范围上，不适宜包括其他社会管理职能，例如消防、公安等这些职能应由当地政府和相关政府部门管理。五是公共管理类（园区运营管理型）法定机构发展的最大瓶颈就是行政化，所以如何实现政府的控制与改进是此类法定机构成功的关键，可以采用适距控制的方式。

（二）公共服务类（公共服务事业单位）法定机构的实践

公共服务类的法定机构作为丰富政府公共服务职能、提高公共服务履行标准的手段，以服务的专业性、技术性为特征，在各方面制度设计上应更灵活。法定机构的"半政府半企业"的特质上，这类法定机构更倾向"企业"的一方。公共服务类的法定机构实践的应然路径见图6-3。

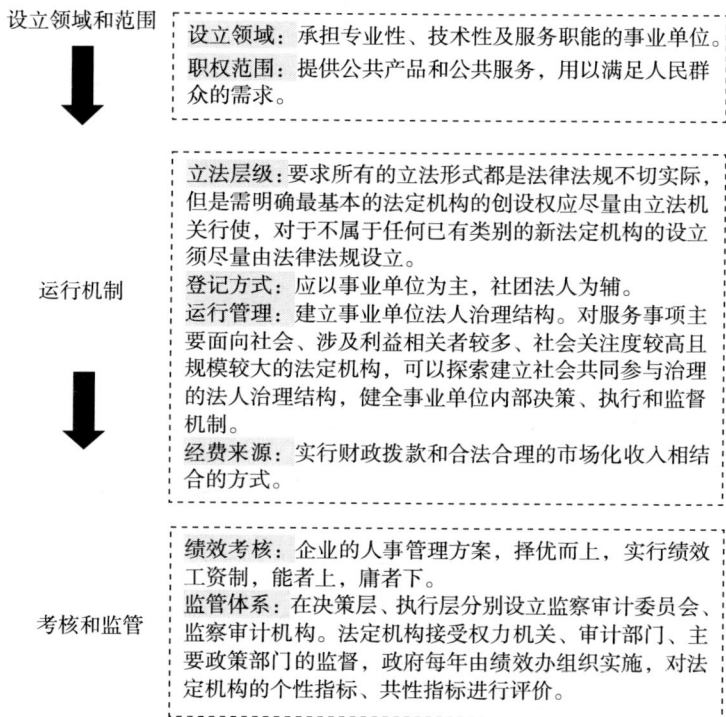

设立领域和范围

↓

设立领域：承担专业性、技术性及服务职能的事业单位。
职权范围：提供公共产品和公共服务，用以满足人民群众的需求。

运行机制

↓

立法层级：要求所有的立法形式都是法律法规不切实际，但是需明确最基本的法定机构的创设权应尽量由立法机关行使，对于不属于任何已有类别的新法定机构的设立须尽量由法律法规设立。
登记方式：应以事业单位为主，社团法人为辅。
运行管理：建立事业单位法人治理结构。对服务事项主要面向社会、涉及利益相关者较多、社会关注度较高且规模较大的法定机构，可以探索建立社会共同参与治理的法人治理结构，健全事业单位内部决策、执行和监督机制。
经费来源：实行财政拨款和合法合理的市场化收入相结合的方式。

考核和监管

绩效考核：企业的人事管理方案，择优而上，实行绩效工资制，能者上，庸者下。
监管体系：在决策层、执行层分别设立监察审计委员会、监察审计机构。法定机构接受权力机关、审计部门、主要政策部门的监督，政府每年由绩效办组织实施，对法定机构的个性指标、共性指标进行评价。

图6-3 公共服务类法定机构实践的应然路径

公共服务类法定机构采用以上的应然路径，主要是考虑到：一是我国引入法定机构的初衷是作为事业单位在我国未来改革的探索。所以法定机构于我国事业单位改革有着与生俱来的缘分，只不过是自贸区、开发区的迅速发展，给法定机构以催化剂，让其真正大放异彩。但是，也要看到自贸区、开发区的法定机构主要是园区运行管理型的公共管理类。事业单位改革的法定机构主要定位于公益服务类事业单位的改革方向，主要目的是提供高效、专业的公共服务，在小政府、大社会的呼吁下，满足人们日益增长的物质文化需求，实现自收自支，有效缓解政府压力。二是公共服务类法定机构和公共管理类法定机构在绩效考核、监管体系和运行管理上基本一致，这三点都反映了法定机构的绩效性、自治性和灵活性。两类法定机构的区别主要体现在设立领域、职权范围、立法层级、登记方式和经费来源上，相对来说公共服务类法定机构在这五个方面的总体要求比公共管理类的要更加灵活，方式也更加多样，这主要是因为相对于公共管理，公共服务是给公众以增量的服务，提高公众的满足感和获得感是主要目的，所以对公权力的限制没有公共管理类的要求那么高和突出。三是开发区、自贸区内的公共管理类的法定机构，具有地域性，可以在一定范围内先试先行，具有可控性。但是，以事业单位为基础的公共服务类法定机构的改革，就突破了地域限制，在职能范围上限制在公益服务类的事业单位。所以，二者一个强调区域限制，一个强调职能范围的限制，而且从根本上看，公共服务类法定机构的限制更多，因为它必须要紧紧符合我国事业单位改革的大政方针，不能突破事业单位改革的总方向。

（三）公共事业类（高校）法定机构的实践

其实，从我国事业单位的分类上来看，公共事业类法定机构应该归属于公共服务类法定机构，在法定机构的职权分类上，本书之所以将其单独分离出来，主要是考虑到二者在功能定位和发展方向上有很大不同。公共事业类法定机构目前只局限在高校。我国目前仅有南方科技大学一家公共事业类法定机构。公共事业类法定机构更加强调科研创新和人才培养，赋予高校更大的办学自主权，使其能更加灵活、高效地展开建设和管理工作，这点是同公共服务类法定机构的主要区别。公共服务类法定机构更加强调如何在不增加政府负担的前提下，满足人们的物质文化需求。公共事业类的法定机构实践的应然路径见图6-4。

设立领域和范围

> 设立领域：高校。
> 职权范围：科学研发、人才培养。

运行机制

> 立法层级：法律法规。
> 登记方式：事业单位。
> 运行管理：建立"决策层+执行层+管理层"法人治理结构。对服务事项主要面向社会、涉及利益相关者较多、社会关注度较高且规模较大的法定机构，建立社会共同参与治理的法人治理结构，健全事业单位内部决策、执行和监督机制。
> 经费来源：实行全额财政拨款，鼓励产学研结合。

考核和监管

> 绩效考核：全面实施国际通用的教师和科研人员分类聘用、考核评估制度体系，建立教师和科研人员晋升和退出机制。完善岗位管理和人员聘用制度，建立不同岗位分类管理体系。实施开放的创业政策，鼓励教授学术休假期间创业，积极参与并推动创新型国家建设。
> 监管体系：通过外部监察机制、内部监督机制、内部风险防控、审计和廉洁监督机制、信息公开制度、社会监督等多种方式，全方位对高效和科研院所进行监管。

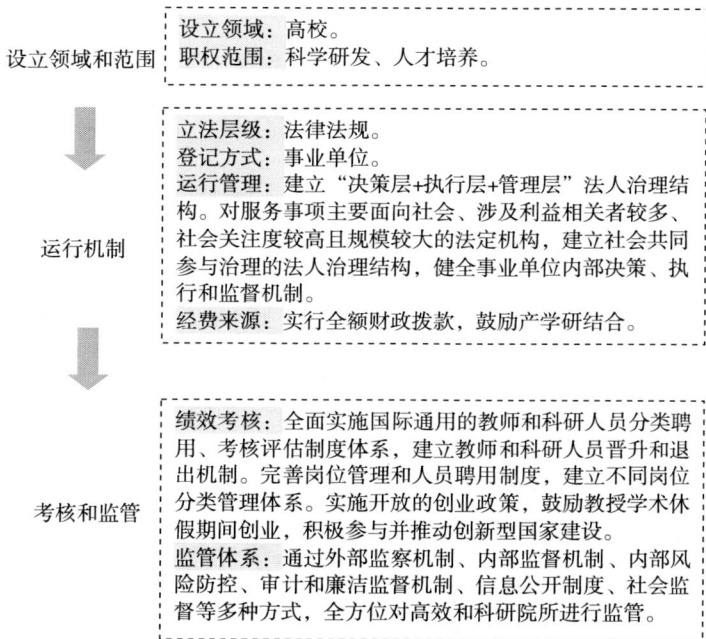

图 6-4 公共事业类法定机构实践的应然路径

综上，从广义上看，公共事业类法定机构应归类为公共服务类事业单位，但是，考虑到公共事业类法定机构在职权定位、发展方向和操作路径上，同公共服务类中的其他法定机构相比，具有很多特性，这种细化的划分，对因地制宜开展法定机构的试点工作更具有实操性，更容易成功，所以将其单独出来进行分析。

结　语

　　基于以上对法定机构的全面分析，我们可以得出以下观点：

　　从法定机构的发展来看，法定机构发轫于英美，开先河者是英国撒切尔内阁和美国里根政府，进入 20 世纪末在东南亚发扬光大、日臻完善。新公共管理运动催生法定机构，治理理论实现法定机构再升级，国家治理现代化推动法定机构中国化。法定机构在世界各地有五大实践做法，英国执行机构强调决策与执行的分离，美国独立机构着眼于国家的战略性、全局性的发展，日本独立行政法人是大陆法系国家公法人制度与新公共管理理论的融合，新加坡和中国香港特别行政区的法定机构是将法人治理体系引入到公务中。虽然各地法定机构这一类组织形式的具体名称并不相同，改革的侧重点也不同，但是从设立方式、运行机制、职责来看，这些机构完全符合判定法定机构的五大标准，可以统一作为法定机构来研究。

　　从法定机构的中国实践来看，目前我国内地法定机构的实践主要借鉴的是新加坡和中国香港特别行政区的法定机构，引入法定机构的初衷，是作为我国事业单位改革方向的探索。后来，自贸区、开发区体制机制改革的需求又成为了法定机构中国化的催化剂。在中国内地经过 10 余年的发展，已有 29 家法定机构，主要涉及三大领域，即公共管理类（园区运营管理型）、公共服务类（公共服务事业单位型）和公共事业类（高校）。公共管理类的法定机构方向侧重国家间接行政的方式，达到政府经济职能的转型和社会管理职能的增强。公共服务类的法定机构方向侧重丰富政府公共服务职能的内容，提高公共服务的履行标准。公共事业类的法定机构方向侧重提倡学术自由，培养创新人才，发展科学事业。三类法定机构的实践应体现出各自机构目的、功能、定位的特性，在设立依据、运行机制、登记方式、绩效管理、监管体系上有所不同。把法定机构看成是一个半政府半企业的组织，那么公共管理类更偏向政府一方，公共服务类偏向企业一方，公共事业类偏向公益一方。

从法定机构的理论建构来看，一是明确法定机构的概念。法定机构是经法定程序由立法机构通过专门立法或授权设立的，相对自主、独立运作，承担法律赋予的公共事务管理或公共服务职能的行政法人，它是探索国家治理体系现代化、推动政府职能转变、深化事业单位改革、优化公共服务的重要尝试，已逐步成为我国公共部门改革的重要参照模式。二是明确法定机构的法律特征、法律属性。法定机构的法律特征强调法定机构的内在本质，是法定机构性质的法律体现，法律特征是法定性、灵活性、公共目的性、自治性、绩效性。法定机构的法律属性是指法定机构所从属的法律类别和法律体系。法律属性包括兼具公法和私法的属性、大陆法系和英美法系的结合、政策与法律技术的结合。三是确定法定机构的法律地位。法定机构和行政法人之间的关系，一个是法学概念，一个是法律概念，是同一事物的不同表现。从法定机构的性质出发，结合民法典对法人的分类和我国行政主体理论，法定机构的法律地位为行政法人。四是划定法定机构的职责范围，包括行政许可、行政处罚、行政确认等，不能包括行政强制、行政裁决、行政命令、行政规划、行政征收等。五是提炼判定法定机构的五大标准，即依法设立、职责法定、运作独立、不列入政府序列、公共参与。

从法定机构的发展瓶颈来看，我国法定机构主要面临理论和实践两方面的困境，理论上是来自对传统行政主体理论的冲击，根本对策是未来如果能够开启行政法典化，借用法典化的这股东风，在总则中明确行政法人的法律地位，然后在制定分则的时候制定一部专门的行政法人法，这将是一个很好的选择。实践中存在行政化的问题，既要避免行政化，也不能忽视法定机构与政府部门的天然联系。对策是法定机构的行政化倾向是政府与法定机构"委托—代理"关系的必然，需要将委托代理关系转变成与服务对象之间的供需关系，并基于供需关系设置激励机制、调配人力资源，从而实现去行政化的目标。

从法定机构的发展前景来看，法定机构是我国事业单位的改革方向，依据《关于分类推进事业单位改革的指导意见》的要求，2020 年底完成事业单位的分类改革，第一类承担行政职能的事业单位转化为行政机关，第二类从事生产经营的事业单位转化为企业，第三类从事公益服务类事业单位在符合法定机构的设立条件下，可以转化为法定机构。同时，随着政府逐步向开发区、自贸区下放部分权限，法定机构也逐步成为开发区、自贸区的创新行政体制的重要方式。需要强调的是，在职能范围上，自贸区、开发区设立的法定机构大多负责经济职能，如开发建设、运营管理、招商引资、制度创新等，而一些社会管理职能则仍归所在区或市政府及市相关部门负责。

立足检察职能，服务保障自贸区建设，是检察机关义不容辞的责任和使命。通过前面对法定机构的研究，可以看到，法定机构与自贸区建设相得益彰，自贸区以改革建设为目的，而法定机构的设立就是对机构改革的创新，这也是越来越多的自贸区逐步设立法定机构来从事辖区内公共管理和公共服务的重要原因。法定机构这种新型的组织机构形式对检察机关以及检察人员带来的挑战是多方面的，检察机关要服务好保障好自贸区建设，掌握自贸区内法定机构是什么非常重要。

自贸区内法定机构的设立给检察机关及检察人员带来的新问题新情况，需要不断探索和完善解决方案，但是不论如何改革，检察机关始终应正确适用法律、忠实履行好法律监督职责。

首先，要把握好自贸区内法定机构的组织机构特点。法定机构在我国行政体制改革的实践中属于创新型改革，创新型改革与延展性改革相比，难度较大，风险较高。一是政府放权的尺度不容易把握。放得太多，减弱自身宏观调控能力；放得不够，法定机构发展活力释放不充分。二是自贸区与法定机构之间的事权划分难度大，哪些事权划分给政府，哪些事权划分给法定机构，需要科学分析，精准操控。三是法定机构要相应进行管理职能、管理方式与机构设置等方面的改革，以便能承接好自贸区政府转移的管理职能，切实达到加快自身发展的目的，上述三个环节中，哪一个环节搞不好，都会适得其反，影响改革与发展的全局。因此，检察机关在服务保障自贸区的建设中，要科学把握好依法惩治违法犯罪和全力支持改革的关系，正确区分执行政策偏差与钻改革空子实施犯罪的界限，恪守刑法谦抑性原则，从严把握刑法的适用。

其次，要密切关注自贸区建设过程中由法定机构带来的新型法律问题。法定机构作为我国深化政府机构改革的尝试，在自贸区的发展中发挥着重要作用，近年来，多地自贸区纷纷建立法定机构来进行园区的公共管理和公共服务，取得了一些成效，但是也存在一些问题。检察机关在处理涉及自贸区内法定机构的法律关系时，要根据法定机构的不同职能，判定其属于行政责任、刑事责任还是民事责任，这需要检察机关明确法定机构的法律定位、运行机制和职能权限，对法定机构的法律行为和关系作出判断，要从服务大局的定位出发，明确罪与非罪，准确量刑。

最后，要积极参与综合治理，加强常态性问题研判。可以针对自贸区内的法定机构专门制定相关文件，积极参与自贸区内的治理。同时，也可以发布典型案例，即适时发布涉及自贸区内法定机构的案例，具有法治导向的行政监管、刑事、民事诉讼典型案例，这样做既能指导法定机构更好地了解并遵守法律，又能指导检察机关开展对自贸区内法定机构的法律监督。

综上，自贸区是我国改革开放的试验地，是我国构建开放型经济新体制的重要窗口。自贸区的建设，对完善我国经济体制是有力的推动，在法律实施方面将产生重大影响。检察机关在自贸区发展过程中，会遇到很多新情况新问题，法定机构就是其中之一，目前尚无相关经验可以复制，只有不断更新执法理念，树立大局意识，才能为自贸区发展不断提供优质的司法保障。

参考文献

一、中文参考文献

［1］黄风．罗马法概论［M］．北京：法律出版社，2000．

［2］王名扬．英国行政法［M］．北京：北京大学出版社，2016．

［3］王名扬．美国行政法［M］．北京：北京大学出版社，2016．

［4］王名扬．法国行政法［M］．北京：北京大学出版社，2016．

［5］应松年．行政法与行政诉讼法学［M］．北京：法律出版社，2009．

［6］胡建淼．行政法学［M］．北京：法律出版社，2010．

［7］罗豪才．行政法学［M］．北京：中国政法大学出版社，1999．

［8］马怀德．行政法学［M］．北京：中国政法大学出版社，2007．

［9］应松年，薛刚凌．行政组织法研究［M］．北京：法律出版社，2002．

［10］薛刚凌．行政主体的理论与实践——以公共行政改革为视角［M］．北京：中国方正出版社，2009．

［11］汤哲峰．行政主体法律制度重构——以行政体制改革为视野［M］．北京：中国政法大学出版社，2015．

［12］李牧编．行政主体义务基本问题研究［M］．北京：法律出版社，2012．

［13］郭小聪．行政管理学［M］．北京：中国人民大学出版社，2016．

［14］曹胜亮，刘权主编．行政法与行政诉讼法［M］．武汉：武汉大学出版社，2015．

［15］张力，金家新．公立大学法人主体地位与治理结构完善研究［M］．武汉：华中科技大学出版社，2016．

［16］范广垠．政府管理主体的行为互动逻辑［M］．北京：知识产权出版社，

2014.

〔17〕张树义，张力．行政法与行政诉讼法学（第3版）〔M〕．北京：高等教育出版社，2015.

〔18〕杨利敏．行政法与现代国家之构成〔M〕．北京：北京大学出版社，2016.

〔19〕叶必丰．行政法与行政诉讼法〔M〕．北京：高等教育出版社，2015.

〔20〕章剑生．现代行政法总论〔M〕．北京：法律出版社，2014.

〔21〕胡税根．公共管理学〔M〕．北京：中国社会科学出版社，2014.

〔22〕张国庆．公共行政学〔M〕．北京：北京大学出版社，2017.

〔23〕张成福，马子博．公共管理导论〔M〕．北京：中国人民大学出版社，2015.

〔24〕姜明安．行政法与行政诉讼法〔M〕．北京：北京大学出版社，1999.

〔25〕杨解君．行政法学〔M〕．北京：中国方正出版社，2004.

〔26〕于绍元．实用诉讼法学新词典〔M〕．长春：吉林人民出版社，2004.

〔27〕王晓晔．德国民法通论〔M〕．北京：法律出版社，2003.

〔28〕王利明．民法新论〔M〕．北京：中国政法大学出版社，1988.

〔29〕王泽鉴．王泽鉴法学全集〔M〕．北京：中国政法大学出版社，2003.

〔30〕左然．公务法人研究〔J〕．行政法学研究，2003，1.

〔31〕张成福，马子博．公共管理导论〔M〕．北京：中国人民大学出版社，2001.

〔32〕冯辉．法定机构研究〔Z〕.2016年政府法制研究，2016.

〔33〕李荣宏．我国试行法定机构的行政法研究〔D〕．重庆：西南政法大学，硕士学位论文，2018.

〔34〕张继恒．非政府组织的行政主体地位研究〔M〕．北京：法律出版社，2017.

〔35〕丁茂战．我国政府社会事业治理制度改革研究〔M〕．北京：中国经济出版社，2006.

〔36〕韩继志．政府机构改革〔M〕．北京：中国人民大学出版社，1999.

〔37〕叶响裙．公共服务多元主体供给：理论与实践〔M〕．北京：社会科学文献出版社，2014.

〔38〕薛刚凌．多元化背景下行政主体之建构〔J〕．浙江学刊，2007，2.

〔39〕章剑生．反思与超越：中国行政主体理论批判〔J〕．北方法学，2008,6.

〔40〕马怀德．公务法人问题研究〔J〕．中国法学，2000，4.

［41］张树义.行政主体研究［J］.中国法学，2000，2.

［42］薛刚凌.行政主体之再思考［J］.中国法学，2001，2.

［43］汪玉凯.公共管理与非政府公共组织［M］.北京：中共中央党校出版社，2003.

［44］余凌云.行政主体理论之变革［J］.法学杂志，2010，8.

［45］蒋学跃.法人制度法理研究［M］.北京：法律出版社，2007.

［46］杨立新.民法总则精要10讲［M］.北京：中国法制出版社，2018.

［47］张继恒.非政府组织的行政主体［M］.北京：法律出版社，2017.

［48］汤喆.行政主体法律制度重构——以行政体制改革为视野［M］.北京：中国政法大学出版社，2015.

［49］金锦萍.非营利法人治理结构研究［M］.北京：北京大学出版社，2005.

［50］钱宁峰.行政组织法立法论研究［M］.南京：东南大学出版社，2015.

［51］应松年，薛刚凌.行政组织法研究［M］.北京：法律出版社，2002.

［52］王芳.公务法人制度研究［D］.长春：长春理工大学，硕士学位论文，2009.

［53］姜广俊.公务法人制度探讨［J］.学术交流，2008，4.

［54］罗美平.英国公法人与法国公务法人的比较与启示［J］.青年科学（教师版），2013，34(10).

［55］王海波.公务法人研究：以我国事业单位改革为例［D］.呼和浩特：内蒙古大学，硕士学位论文，2008.

［56］王芳.公务法人制度在我国的引入［J］.沿海企业与科技，2010，10.

［57］吉龙华.论我国行政公务法人的法律定位［J］.云南行政学院学报，2005，5.

［58］贾永国.法国的公务法人研究［D］.济南：山东大学，硕士学位论文，2004.

［59］李昕.论目的主导的公法人组织形态类型化［J］.法学杂志，2015，11.

［60］冉富强.公法人制度重构与公共机构举债的法治化［J］.江西社会科学，2014，34（7）.

［61］关保英.论行政主体的利益注意义务［J］.江汉论坛，2019，5.

［62］曾祥华.中国行政主体理论再评析［J］.甘肃政法学院学报，2019，1.

［63］郭会文.国家级开发区管理机构的行政主体资格［J］.法学杂志，2004，11.

［64］汪晶晶.开发区管委会的行政主体资格研究［D］.开封：河南大学，硕士学位论文，2019.

［65］丁元竹.中国社会建设：战略思路与基本对策［M］.北京：北京大学出版社，2008.

［66］马英娟.中国政府监管机构构建中的缺失与前瞻性思考［J］.河北法学，2008，6.

［67］张迎涛.中央政府部门组织法研究［M］.北京：中国法制出版社，2011.

［68］李昕.作为组织手段的公法人制度研究［M］.北京：中国政法大学出版社，2009.

［69］陈水生.国外法定机构管理模式比较研究［J］.学术界，2014，1.

［70］车雷.英国执行局化改革之二十年：回顾与启示［J］.行政法学研究，2013，3.

［71］（美）戴维·奥斯本（David Osborne），（美）特德·盖布勒（Ted Gaebler）.改革政府——企业精神如何改革着公营部门［M］.上海：上海译文出版社，1996.

［72］陈伟，黄洪.政府购买公共服务的"公共性拆解"风险——以新公共管理为解释框架［J］.河北学刊，2019，39(2).

［73］禹丁洁.美国独立管理机构研究［D］.长沙：中南大学，硕士学位论文，2009.

［74］刘霞.从美国独立行政机构职能看我国管理性事业单位归属［J］.中国行政管理，1995，8.

［75］刘滔.三权分立之变奏：美国政府体制中的独立行政管理机构［J］.探索与争鸣，1988，2.

［76］钟速成.美国独立管制机构研究［D］.长沙：湖南师范大学，硕士学位论文，2009.

［77］潘北枝.独立与管制：美国独立管制机构经验评析［D］.北京：中国政法大学，博士学位论文，2009.

［78］李志远.美国政府的独立行政管理机构［M］.郑州：河南人民出版社，1998.

［79］李道揆.美国政府和美国政治［M］.北京：商务印书馆，1999.

［80］刘霞.从美国独立行政机构职能看我国管理性事业单位归属［J］.中国行政管理，1995，8.

［81］张毅军，林永文.美国政府机构手册［M］.北京：军事谊文出版社，2000.

［82］郑维川.新加坡治国之道［M］.北京：中国社会科学出版社，1996.

［83］王保畲.花园岛国新加坡［M］.北京：中国展望出版社，1990.

［84］曹云华.新加坡法定机构的经济管理职能浅析［J］.经济社会体制比较，2011，4.

［85］苏国林.新加坡法定机构研究及启示［J］.浦东开发，2016，8.

［86］柳泽伟.新加坡公共行政制度中的法定机构［J］.经济研究参考，1993，3.

［87］崔晶.新加坡法定机构的运营模式及启示［J］.东南亚纵横，2011，6.

［88］谭绳喜.马来西亚法定机构财务审计［J］.中国审计，1994，5.

［89］陈杰.法定机构在新加坡经济起飞中的作用［J］.东南亚研究，1989，2.

［90］孙文彬.香港法定机构的运作、监管及启示［J］.港澳研究，2016，1.

［91］张楠迪扬.香港法定机构再审视：以内地政府职能转移为视角［J］.港澳研究，2016，2.

［92］汪永成.香港特区法定机构发展的历程、动因与启示［J］.湖南社会科学，2002，5.

［93］丁元竹.香港法定机构的治理模式［J］.社会科学文摘，2014，8.

［94］（英）诺曼·J.迈因纳斯.香港的政府与政治［M］.上海：上海翻译出版公司，1986.

［95］蔡秀卿.日本独立行政法人制度［J］.月旦法学杂志，84.

［96］陈伟.日本独立行政法人制度研究［D］.重庆：西南政法大学，硕士学位论文，2013.

［97］姜蓉.日本国立高等专门学校"独立行政法人化"改革［J］.潍坊工程职业学院学报，2017，30(4).

［98］王玲.日本独立行政法人研究机构薪酬制度探究［J］.全球科技经济瞭望，2014，29(4).

［99］（日）植草益.微观规制经济学［M］.北京：中国发展出版社，1992.

［100］李润华.独立行政法人化改革后日本国立大学财政支援体系研究［J］.比较教育研究，2010，8.

［101］郑文莹.论日本国立大学独立行政法人化改革［D］.北京：对外经济贸易大学，硕士学位论文，2011.

［102］吴微.日本现代行政法［M］.北京：中国政法大学出版社，2001.

［103］王燕弓.日本收费公路法定机构与我国法定机构创建［J］.国家行政学院学报，2014，3.

［104］朱光明.日本的独立行政法人化改革评析［J］.日本学刊，2004，1.

［105］舒绍福，刘峰.中外行政决策体制比较［M］.北京：国家行政学院出版社，2008.

［106］英娟.政府监管机构研究［M］.北京：北京大学出版社，2007.

［107］宋功德.从事业单位到法定机构［J］.行政管理改革，2010，8.

［108］刘晓春，林卡.法定机构：国资委的转型路径［J］.特区实践与理论，2008，3.

［109］李建美，张迎军，田保华.地方政府采用法定机构管理机场探究国资委的转型路径［J］.交通企业管理，2013，11.

［110］黎少华，艾永梅.广东法定机构改革试点调查［J］.中国经济报告，2014，3.

［111］（美）戴维·奥斯本，彼德·普拉斯特里克.摒弃官僚制：政府再造的五项战略［M］.北京：中国人民大学出版社，2002.

［112］傅小随.政策执行专职化：政策制定与执行适度分开的改革路径［J］.中国行政理，2008，2.

［113］周代数，靳志伟.金融市场结构性转变：人员、政策和机构［M］.北京：中国金融出版社，2018.

［114］林祎珊.南方科技大学治理结构研究［D］.广州：暨南大学，硕士学位论文，2016.

［115］朱清时.南方科技大学法人治理结构改革实践［J］.中国机构改革与管理，2013，7.

［116］冯辉.法定机构研究［J］.政府法制研究，2016，3.

［117］陈水生.国外法定机构管理模式比较研究［J］.学术界，2014，10.

［118］崔健，杨珊.前海合作区借鉴境外法定机构管理模式研究［J］.中国机构改革与管理，2011，4.

［119］傅小随.法定机构及其在公共服务体系中的特殊作用［J］.行政论坛，2009，2.

［120］古明明.理解与认知中国的准政府组织［J］.中共浙江省委党校学报，2014，1.

［121］李建良.论公法人在行政组织建制上的地位与功能——以德国公法人概念与法制为借鉴［J］.月旦法学杂志，84.

［122］赵相文.由法律观点论自治制度［J］.中原财经法学，15.

［123］余敏江，刘丽华.公共管理职能：涵义、边界及当代定位［J］.现代管理科学，2005，2.

［124］罗永祥，陈志辉.香港特别行政区施政架构［M］.香港：三联书店（香港）有限公司，2002.

［125］娄成武，李坚.公共事业管理概论［M］.北京：中国人民大学出版社，2006.

［126］章志远.当代中国行政主体理论的生成与变迁［J］.贵州警官职业学院学报，2007，1.

［127］郭胜习.行政法总则和行政法典制定的必要性和可行性——行政法总则与行政法法典研讨会会议综述［Z］.

［128］熊文钊.法人·公法人与行政法人——关于行政法主体理论的阐发［J］.苏州大学学报(哲学社会科学版)，2001，1.

［129］刘振伟.建立规范的特别法人治理结构［J］.中国人大，2017，10.

［130］沈岿.谁还在行使权力：准政府组织个案研究［M］.北京：清华大学出版社，2003.

［131］陈新民.中国行政法原理［M］.北京：中国政法大学出版社，2002.

［132］卓越.行政发展研究［M］.福州：福建人民出版社，2000.

［133］刘峰，舒绍福.中外行政决策体制比较［M］.北京：国家行政学院出版社，2008.

［134］王成义.深圳市建立法治政府研究［M］.北京：中国法制出版社，2010.

［135］黄恒学.中国事业管理体制改革研究［M］.北京：清华大学出版社，1998.

［136］黎少华，艾永梅.广东法定机构改革试点调查［J］.中国经济报告，2014，3.

［137］孙西玲，王海光.试行法定机构的可行性研究［J］.机构与行政，2017，5.

［138］宋功德.从事业单位到法定机构［J］.行政管理改革，2010，8.

［139］冯辉.法定机构研究［J］.政府法治研究，2016，3.

［140］熊哲文，华夏民.深圳前海管理局法律地位研究［J］.特区实践与理论，2013，1.

［141］吴厚鉴，北川力也.法定机构治理模式：深化中国大部制改革的路径

选择［J］.福建行政学院学报，2016，1.

［142］林梦笑.法定机构研究述评［J］.石家庄经济学院学报，2016，5.

［143］易丽丽.广东事业单位改革第四条路［J］.决策，2012，2.

［144］王千华，王军.事业单位的理事会制度创新［J］.改革论坛，2007，5.

［145］王冬阳.机构法定·理事会治理·岗位管理：基于公共图书馆推行法人治理的理性思考［J］.图书馆，2014，1.

［146］王栋.整体化分散治理：一种新框架——基于津、杭、深的公共代理机构比较分析［J］.湖北社会科学，2016，4.

［147］青岛市编办.青岛市试点法定机构逐步打破功能区行政管理体制改革坚冰［J］.机构与行政，2017，2.

［148］沈岿.重构行政主体范式的尝试［J］.法律科学，2000，6.

［149］王栋.权力关系视角下的政社分开研究［D］.苏州：苏州大学，博士学位论文，2015.

［150］田世枫.试论我国公证机构的法律地位［D］.北京：中国政法大学，硕士学位论文，2016.

［151］何亚伟.事业单位改革背景下试行法定机构的研究［D］.苏州：苏州大学，硕士学位论文，2015.

［152］张逸超.广东自由贸易试验区若干法律问题研究［D］.广州：广东财经大学，硕士学位论文，2015.

［153］陈慎武.政府管理创新背景下的法定机构试点研究——以顺德为个案［D］.广州：华南理工大学，硕士学位论文，2016.

［154］朱敏玺.上海自贸区政府监管的制度创新研究［D］.上海：华东政法大学，硕士学位论文，2015.

［155］李建美，张迎军，田保华.地方政府采用法定机构管理机场探究［J］.交通企业管理，2013，11.

［156］刘晓春，林卡.法定机构：国资委的转型路径［J］.特区实践与理论，2008，5.

［157］刘小康.行政类事业单位改革路径初探［J］.北京行政学院学报，2012，4.

［158］胡建淼.东亚行政法学会第七届国际学术大会论文集［M］.杭州：浙江大学出版社，2008.

［159］中国(广东)自由贸易试验区深圳前海蛇口片区管理委员会.中国（广东）自由贸易试验区深圳前海蛇口片区法律法规政策汇编［M］.北京：法律

出版社, 2017.

［160］高小珺, 高大石. 自由贸易试验区的制度创新与法律保障［M］. 北京: 法律出版社, 2017.

［161］俞可平. 治理与善治［M］. 北京: 社会科学文献出版社, 2000.

［162］胡晓东. 我国政府临时性聘任人员的探索性研究［J］. 人力资源管理, 2016, 12.

［163］张国玉. 聘任制公务员的制度创新与内在价值［J］. 人民论坛, 2018, 6.

［164］张闯祺. 我国民法总则中的法人分类方式探析［J］. 中州学刊, 2017, 2.

［165］黄欣安. 法定公共组织的法律属性及其实现路径［D］. 南京: 南京工业大学, 硕士学位论文, 2016.

［166］贾圣真. 行政任务视角下的行政组织法学理革新［J］. 浙江学刊, 2019, 1.

［167］胡税根, 王汇宇, 莫锦江. 我国事业单位改革政策发展研究［J］. 北京行政学院学报, 2018, 2.

［168］焦志勇. 深圳模式: 对于我国公立大学章程建设的影响［J］. 首都师范大学学报(社会科学版), 2012, 4.

［169］朱清时. 南方科技大学法人治理结构改革实践［J］. 中国机构改革与管理, 2013, 7.

［170］苟朝莉. 中国公办大学治理结构中的校长与教授"共治"研究［D］. 重庆: 西南大学, 博士学位论文, 2015.

［171］吴金明. 基础设施领域的特殊法人与公企业［M］. 北京: 经济科学出版社, 2008.

［172］李昕. 公立大学法人制度研究［M］. 北京: 中国民主法制出版社, 2017.

［173］金锋. 政府治理与公共服务［M］. 兰州: 兰州大学出版社, 2018.

［174］叶托. 政府购买公共服务的三维治理探讨［J］. 理论探索, 2019, 6.

［175］(澳)欧文·E. 休斯. 公共管理导论［M］. 北京: 中国人民大学出版社, 2015.

［176］马亮. 公共管理与政策研究的大问题［J］. 公共管理与政策评论, 2019, 8(2).

［177］许宝君, 陈伟东. 自主治理与政府嵌入统合: 公共事务治理之道

[J].河南社会科学，2017，25(5).

[178] 高猛等.走向社会建构的公共行政[M].杭州：浙江大学出版社，2013.

[179] 李宁卿，吴志红.行政法人制度检视[J].人民论坛，2013，8.

[180] 张一雄.比较法视野下的行政法人法律属性探究及其制度化建构基础[J].理论与改革，2016，2.

[181] 曹现敏.行政主体权利能力、行为能力、责任能力初探：行政主体行政法人地位之刺破[J].华人时刊(中旬刊)，2014，6.

[182] 崔拴林.论我国私法人分类理念的缺陷与修正：以公法人理论为主要视角[J].法律科学(西北政法大学学报)，2011，4.

[183] 张力.法人功能性分类与结构性分类的兼容解释[J].中国法学，2019，2.

[184] 屈茂辉.机关法人制度解释论[J].清华法学，2017，11(5).

[185] 余中根.《民法总则》法人制度视野下民办高校分类管理存在的问题与解决机制研究[J].高教探索，2019，1.

[186] 杨秋宇.民商二元视角下《民法总则》法人制度的不足——以制度供给理论为方法展开[J].大连理工大学学报(社会科学版)，2019，40(6).

[187] 徐强胜.论我国民法总则中营利法人的制度安排[J].华东政法大学学报，2016，19(5).

[188] 赵锟.事业单位法人治理机制研究[D].北京：中国政法大学，硕士学位论文，2011.

[189] 李强.地方事业单位分类改革：缘起、方向和路径[M].南京：江苏人民出版社，2017.

[190] 张家麟.体制 政府 事业[M]合肥：黄山书社，2008.

二、英文参考文献

[191] Ian Scott.The government and statutory bodies in Hong Kong: centralization and autonomy.Public Organization Review，2006，p.16.

[192] Owen E.Hughes. Public management and administration: an introduction，2005，p.89.

[193] THYNNE I.Statutory bodies as instruments of government in Hong Kong: review beginnings and challenge ahead.SAGE Public Administration Abstracts，2006，p.33.

［194］R.A.W.Rhodes.Understanding Governance: Ten Years On.Organization Studies, Vol.28, No.8, 2007, p.1243, 1264.

［195］Clark, D.Forward, in Cabinet Office.Next Steps Report, 1997.

［196］Mellon, E.Executive Agencies: Leading Change from the Outside. Public Money & Management, Vol. 13, Issue 2, 1993, p. 25, 31.

［197］Wilson JQ. Bureaucracy: What Government Agencies Do and Why Do It.New York: Basic Books, 1989, p.369.

［198］Woff, Bachof, Verwaltungsrecht, 4.Aufl., 1976, p.84, 34.

［199］David M. Welborn. Governance of Federal Regulatory Agencies. University of Tennessee Press, 1977, p.132.